四川省人文社会科学重点研究基地
西华师范大学“四川省教育发展研究中心”资助项目

中小学安全工作概论

石强　何英　黄志祥　黄兴刚　编著

西南交通大学出版社
·成都·

图书在版编目（CIP）数据

中小学安全工作概论 / 石强等主编. 一成都：西南交通大学出版社，2011.7（2012.5 重印）
ISBN 978-7-5643-1243-5

Ⅰ. ①中… Ⅱ. ①石… Ⅲ. ①中小学－安全管理 Ⅳ. ①G637.4

中国版本图书馆 CIP 数据核字（2011）第 131623 号

中小学安全工作概论

石 强 何 英 黄志祥 黄兴刚 编著

*

责任编辑 吴 迪
特邀编辑 韩琴英
封面设计 墨创文化
西南交通大学出版社出版发行
成都二环路北一段 111 号 邮政编码：610031
发行部电话：028-87600564
http：//press.swjtu.edu.cn
四川经纬印务有限公司印刷

*

成品尺寸：146 mm×208 mm 印张：7.812 5
字数：217 千字
2011 年 7 月第 1 版 2012 年 5 月第 2 次印刷
ISBN 978-7-5643-1243-5
定价：13.30 元

序

现在，各级党委和政府非常重视学校的安全工作，学生家长越来越关注学校的安全程度，各个学校越来越注重校园的安全系数，安全工作在学校工作中的分量越来越重。我们只有充分认识学校安全工作的重要性，才能更好地开展学校的安全工作，为学校其他工作保驾护航，营造一个和谐、稳定的校园。

从政治的高度看，学校安全工作是和谐社会建设工作在学校工作的具体内容；从法律的角度看，学校安全工作是依法治校的重要体现；从人性的角度看，学校安全工作是学校人文关怀的核心内涵；从发展的角度看，学校安全工作是学校可持续发展的根本保证。总而言之，安全工作是关系学校师生生命、师生家庭幸福、学校生存与发展、社会稳定与和谐的一项重要工作，我们必须高度重视。鉴于此，我们编写了这本《中小学安全工作概论》，希望能对中小学的安全工作提供一些指导和帮助。

全书由石强总体设计，由石强、何英、黄志祥、黄兴刚共同编写。全部书稿最后由石强统稿，何英担负了大部分秘书工作和文稿校对工作。

在本书的编写过程中，我们引用了国内外学者大量的资料，在此，特向他们致以最诚挚的谢意。

编　者

2011 年 6 月

目 录

第一章　安全概述

【案例】

1. 2011年5月23日开始，台湾食品业经历了一次剧烈的塑化剂DEHP地震。“这是全球首例DEHP污染案例，污染规模亦为世界罕见，是台湾版的三聚氰胺事件。”长期研究塑化剂的台湾“清华大学”化学系教授凌永健说。事实上，塑化剂存在于台湾食品中已有近30年历史。

2. 2010年3月23日，福建省南平市某小学校门口。曾在社区卫生服务站担任医生的郑民生，因离岗未能再就业，加上恋爱多次受挫，图谋报复泄愤，迁怒无辜，选择在学校门口行凶，持刀连续捅刺，致8名小学生死亡，5名小学生重伤。经法院判决，4月28日凶手被执行枪决。

接下来的两周内，广东雷州、江苏泰兴、山东潍坊与陕西汉中连续出现了类似恶性校园屠童事件。中共中央总书记胡锦涛、国务院总理温家宝等中央领导再次指示各部门和各地必须抓紧落实确保校园安全的各项措施。

3. 2011年5月1日实施的《中华人民共和国刑法修正案（八）》规定，在道路上驾驶机动车追逐竞驶，情节恶劣的，或者在道路上醉酒驾驶机动车的，处拘役，并处罚金。最高检、最高法发布的《关于执行〈中华人民共和国刑法〉确定罪名的补充规定（五）》，补充、修改了10项罪名，其中醉酒驾驶、飙车以“危险驾驶罪”入刑。触犯该罪，不管情节是否恶劣、是否造成后果，都须处以拘役，并处罚金。根据我国刑法规定，拘役起点1个月，最高6个月。

✦　✦　✦　✦　✦　✦

人类生存与持续发展需要安全的保障。从人类历史发展的历程来看，不被野兽袭击，所采集的食物没有毒性，对于原始人类来说就是安全的生活。对于古代社会而言，安全意味着能够安宁的生活直至终老，不受战乱、瘟疫、饥荒等因素的困扰。在现代社会，安全理念及其标准渗透到了人类生活和生产的各个方面，生产安全、食品安全、财产安全、人身安全、交通安全与信息安全等概念是我们时常耳闻的，但当我们注意到该概念的时候，往往是伴随着相应安全事件的发生。

那么安全到底意味着什么？该如何科学把握安全的内涵，制订安全的标准，面对安全事件该如何快速有效的解决，都是本研究将要讨论的内容，我们将在一个更大的学科背景上，结合各类安全案例，来重点探讨学校安全相关理论及其现实操作模式。

生活中无处不存在安全问题，生活中无处不需要安全。人类社会自诞生以来，安全问题即如影随形。正确地理解安全概念，掌握科学的安全问题研究方法，对于每个从事安全研究，需要做出安全决策的组织和个体来说，都有极其重要的意义。

第一节　安全的含义

一、古代汉语中的安全含义

（一）平安，无危险

道里夷易，安全无恙（见汉焦赣《易林·小畜之无妄》）。

昔者有王，有一亲信，于军阵中，殁命救王，使得安全（见《百喻经·愿为王剃须喻》）。

有在大王之国者，朝廷不戮其家，安全如故（见宋范仲淹《答赵元昊书》）。

（二）保护，保全

孤受主上不世之恩，故欲安全长乐公，使尽众赴京师，然后修复国家之业，与秦永为邻好（见《晋书·慕容垂载记》）。

隋文帝以陈氏子弟既多，恐京下为过，皆分置诸州县，每岁赐以衣服以安全之（见《南史·陈纪下·后主》）。

察孤危之易毁，谅拙直之无他，安全陋躯，畀付善地（见宋苏轼《徐州谢上表》）。

张氏抱子仁玉逃依母氏得免其难，虽脱巨害，向非外祖张温保养安全，其何以有今乎（见清俞樾《春在堂随笔》卷十）。

总的来说，古汉语中对于安全的理解可以概括为“无危则安，无缺则全”，即安全意味着没有危险且尽善尽美，这是与人们的传统安全观念相吻合的。

二、现代汉语中安全的含义

“安全”作为现代汉语的一个基本语词，在各种现代汉语辞书中有着基本相同的解释。《现代汉语词典》对“安”字的第 4 个释义是：“平安；安全（跟‘危险’相对）”，并举出“公安”“治安”“转危为安”作为例词。对“安全”的解释是：“没有危险；不受威胁；不出事故”。《辞海》对“安”字的第一个释义就是“安全”，并在与国家安全相关的含义上举了《国策·齐策（六）》的一句话作为例证：“今国已定，而社稷已安矣。”

三、英语中的“安全”

safety 和 security，尽管这两个英文词汇的含义与用法有所不同，但都可在不同意义上与中文“安全”相对应，我们通常更多的使用后者表达安全之意。按照英文词典解释，security 也有多种含义，其中经常被研究国家安全的专家学者提到的含义有两方面：一方面是指安全的状态，即免于危险，没有恐惧；另一方面是指对安全的维护，指安全措施和安全机构。

四、国家标准对于安全的界定

国家标准（GB/T 28001）对“安全”给出的定义是，“免除了不可接受的损害风险的状态”。

国际民航组织对安全的定义是，安全是一种状态，即通过持续的危险识别和风险管理过程，将人员伤害或财产损失的风险降低至并保持在可接受的水平或其以下。

五、本研究对于安全的界定

（一）绝对性与相对性

绝对安全观认为安全是没有危险，不出危险，不出事故，消除能导致人员伤害、发生疾病、死亡或造成设备财产破坏、损失，以及危害环境的条件。持该观点的，可见于《简明牛津词典》中对于安全界定为“不存在危险和风险”，以及劳伦斯的主张“安全是免于能够引起人员伤亡和财产损失的条件”。

而在现实中，事故的发生有一定的概率，“没有零概率现象”，因而从严格意义上来讲，现实中绝对安全是不存在的，对于绝对安全的过分强调，导致了其应用范围受到极大的限制。针对这种情况，有研究者提出了相对安全的观点，如《英汉安全专业术语词典》中，指出“安全意味着可以容许的风险程度，比较地无受害之忧和损害概率降低的通用术语”。

相对安全观认为，安全是在既有一定危险性条件下的状态，安全并非绝对无事故。可以说安全与事故相对立，事故并非不安全的全部内容，只是在安全与不安全这对矛盾过程中结果突变的外在表现。

（二）安全问题是人类社会发展的永恒课题

人类社会自诞生之日起，安全问题就成为影响其进程与发展的永恒课题。安全是伴随着生产过程而存在的，安全不是瞬间的结果，而是一个动态过程，是关于时间的连续函数。安全科学揭示，系统故障或事故的根本原因在于系统诸要素及其相互作用中存在着各种危险或隐患，是这些因素经过积累或加强并获得适当的条件组合的结果

（三）安全是主体没有危险的客观状态

安全的特有属性就是没有危险。单是没有外在威胁，并不是安全的特有属性；单是没有内在的疾患，也不是安全的特有属性。但是，包括了没有威胁和没有疾患这样内外两个方面的“没有危险”，则是安全的特有属性了。

没有危险的状态是安全，该状态是不依人的主观意志为转移的，是客观的。无论是安全主体自身，还是安全主体的旁观者，都不可能仅仅因为对于安全主体的感觉或认识不同而真正改变主体的安全状态。一个已经处于自由落体状态下的人，不会由于他自我感觉良好而真正安全；一个躺在坚固大厦内一张坚固的大床上而且确实没有任何危险的人，也不会因认为自己危在旦夕就真的面临危险。因此，安全不仅是没有危险的状态，而且这种状态是客观的，不依人的主观意志为转移的。

没有危险作为一种客观状态，不是一种实体性存在，而是一种属性，因而它必然依附一定的实体。当安全依附于人时，那么便是“人的安全”；当安全依附于国家时，那么便是“国家安全”；而当安全依附于世界时，便是“世界安全”。这样一些承载安全的实体，也就是安全所依附的实体，可以说就是安全的主体。客观的安全状态，必然是依附于一定的主体。在定义“安全”概念时，必须把安全是一种属性而不是一种实体这一特点反映出来。

正因为安全是客观的，因而它与安全感是两个不同的概念，它本身并不包括安全感这样的主观内容。有人认为安全既是一种客观状态，又是一种主观状态。我们认为，安全作为一种状态是客观的，它不是也不包括主观感觉，甚至可以说它没有任何主观成分，是不依人的主观愿望为转移的客观存在。

安全感虽然不能归结为安全的一方面内容，但它同样也是一种客观存在着的主观状态，是在研究安全问题包括国家安全问题时需要研究的。但它与安全是一种客观状态不同，安全感可以说是安全主体对自身安全状态的一种自我意识、自我评价。这种自我意识和自我评价与客观的安全状态有时比较一致，有时可能相差甚远。例如，有的人在比较安全的状态下感觉非常不安全，终日里觉得处于危险中；也有的人虽然处于比较危险的境地，但却认为自己很安全，对危险视而不见。这种现象除了说明安全感与安全的实际状态并不完全一致外，也说明了“安全感”与“安全”是两个不同的概念。

总之，安全就是没有危险的客观状态，在不同的时代与生产领域，可接受的损失程度不同，其内容表现为对外在威胁和内在疾患的最大可能消解。

第二节　安全问题的研究方法

从前文对于安全的界定与分析可知，安全是没有危险的客观状态，也就是说，安全既表现为一种客观存在的结果，也有主观感受的成分参与。因而对于安全问题的研究尤具特殊性，常用的研究方法如下。

一、观察法

观察法是指研究者根据一定的研究目的、研究提纲或观察表，用自己的感官和辅助工具去直接观察被研究对象，从而获得资料的一种方法。观察一般利用眼睛、耳朵等感觉器官去感知观察对象。由于人的感觉器官具有一定的局限性，观察者往往要借助各种现代化的仪器和手段，如照相机、录音机、显微录像机等来辅助观察。一般来说，科学的观察具有目的性和计划性、系统性和可重复性。

按照观察者是否参与被观察对象的活动，可分为参与观察与非参与观察；依据对观察对象控制性强弱或观察提纲的详细程度，可分为结构性观察与非结构性观察；根据观察是否具有连贯性，可分为连续性观察和非连续观察；按照观察地点和组织条件，可分为自然观察和实验观察等。

（一）运用观察法研究的注意事项

（1）养成观察习惯，形成观察的灵敏性；集中精力，勤奋、全面、多角度进行；观察与思考相结合。

（2）制订好观察提纲。观察提纲因只供观察者使用，应力求简便，只需列出观察内容、起止时间、观察地点和观察对象即可。为使用方便还可以制成观察表或卡片。

（3）按计划（提纲）实行观察，做好详细记录，最后整理、分析、概括观察结果，作出结论。

（二）观察法的优点与不足

运用观察法，尤其是直接观察，可以获得较为真实、生动的材料；观察还具有及时性的优点，它能捕捉到正在发生的现象；还能搜集到一些无法言表的材料。

观察法也同其他科研方法一样，有自身的局限性。具体表现在，受时间、观察对象、观察者本身局限等因素的限制；不适合个体内在心理的研究，也不适合大面积的调查。

（三）观察法研究示例

对某个建筑工地或生产车间进行安全评估，可以以从业人员劳保着装率为观测指标，也可以观察有无安全巡视员及其交接班记录。在学校安全评估中，可以以校园楼房建筑、有无安全管理制度和预警机制等作为观测指标。需要注意的是，一次的时间抽样未必能够如实反映真实的情况，因而观察法必须是系统而长期的，通过被观察组织和个人的前后一贯性程度来判断其真实情况。

二、调查法

为了达到设想的目的，制订一个计划，全面或比较全面地搜集研究对象某一方面情况的各种材料，并作出分析、综合，得出结论的研究方法，就是调查法。其目的可以是全面把握当前的状况，也可以是为了揭示存在的问题，弄清前因后果，为进一步的研究和决策提供观点和论据。

（一）调查法的主要特点

调查法的主要特点是，以问题的方式要求被调查者针对问题进行陈述。根据研究的需要，可以向被调查者本人作调查，也可以向熟悉被调查者的人作调查。调查法可以分为书面调查和口头调查两种，以问卷调查的方式可以在较短时间内获取大量的有用资料；而口头调查则可以根据实际情况从调查对象处挖掘到更深入的信息。

（二）调查法常见的类型

（1）现状调查。针对调查对象的当前状况、特征及规律而展开的综合性的专门调查研究。

（2）发展调查。根据一定的目的，研究一定对象随时间变化而表现出的特征和规律。又可分为两种形式：纵向发展研究和横向比较研究，前者重在揭示研究对象的发展过程及其规律，后者重在揭示不同样本的相对特征。

（3）访谈调查。以谈话为主要方式来了解某人、某事、某种行为或态度的一种调查方法。

（4）问卷调查。以书面提出问题的方式搜集资料的一种研究方法，即调查者就调查项目编制成表式，分发或邮寄给有关人员，请求填写答案，然后回收整理、统计和研究。

（5）个案调查。指在对象总体中只选择一个单位、一个人来进行有关教育内容的全面调查分析，即以解剖麻雀的方法，了解总体的一般情况。

(6) 抽样调查。指从对象总体中抽出部分作为样本进行考察，并由样本情况推断总体情况的调查方式。该方法根据需要，还可以区分为随机抽样调查与非随机抽样调查。

(7) 全面调查。指对研究对象总体中的每一个单位进行调查的一种调查形式。

（三）调查法运用示例

鉴于当今社会大众对于安全的需要，国家重大法律或政策出台前，一般要经过民意调查，如本章开篇案例 3 关于酒驾入刑的规定，就通过网络平台、平面媒体等多渠道、多方面的做了充分的调查研究，因而该政策的实施也获得了广大老百姓的认可与支持，也确实减少了道路安全方面的恶性事件，挽回了人民群众的生命安全与财产损失。

三、实验法

实验法是指在控制条件下操纵某种变量来考察它对其他变量影响的研究方法。研究者通常有目的地控制一定的条件或创设一定的情境，以引起被试者的某些心理活动进行的研究。

（一）实验法的类型

按照进行研究的场地和控制条件的不同，可以将实验法分为以下两个类型：

1. 实验室实验法

这是指在实验室内利用一定的设施，控制一定的条件，并借助专门的实验仪器进行研究的一种方法。是探索自变量和因变量之间关系的一种方法。

实验室实验法，便于严格控制各种因素，并通过专门仪器进行测试和记录实验数据，一般具有较高的信度。

2. 自然实验法

这是在日常生活等自然条件下，有目的、有计划地创设和控制一定的条件来进行研究的一种方法。自然实验法比较接近人的生活实际，易于实施，兼有实验法和观察法的优点。

（二）实验法的实施程序

1. 课题选择

通过文献检索与分析，找到既有文献研究中存在的不足，或者遵循既往研究的趋势，确定研究方向与领域。同时，选题需要结合个人的研究兴趣和经验，所要研究的课题应具有一定的理论建构意义或者事件指导价值，如果选题有基金项目支持的话，还需要符合相应选题要求。

2. 实验设计

在确定了研究主题之后，就进入到实验设计环节。该环节应建立假设，选择自变量和因变量，对各变量尽可能做出操作性定义。根据研究主题选取科学、经济的实验范式，对实验对象进行抽样。

3. 实验实施

按照既定的实验设计，进行实验。

4. 数据处理

对上阶段的结果进行数据收集与整理，运用恰当的统计方法对该数据进行分析。

5. 撰写报告

通常来说，报告应包括如下内容：标题、作者和机构，摘要和关键词，引言，方法，结果与分析，讨论，结论与建议，参考文献和附录等内容。

四、事故案例分析法

事故案例分析的核心是在事故发生的过程、事故原因和事故责任的基础上，分析事故教训和预防事故的措施。事故案例分析应尽可能做到直观形象，可采用现场分析法、影视法、讲解法、讨论法等。在分析中应牢牢把握事故发生过程中的人、物（设备）、环境、作业过程、事故发生的时间序列等因素。

（一）程序设问法

按事故发生的基本构成要素，对每个要素进行解剖，最后形成对事故的总体认识。设问法可按以下要素进行设问解剖。

（1）什么人。即受伤害者的姓名、性别、年龄、受伤性质、受伤部位、伤害程度以及受过的安全教育和培训的情况。除受伤害者本人外，其他与发生事故有关的人员的情况也应进行了解。这些是确认事故事实的基本项目，也是为进一步查清事故原因中人的因素的基本线索。

（2）什么时间。即事故发生的具体时间，包括年、月、日、星期，以及事故当日的具体时刻。这些是弄清事故发生事实的必需项目，其中季节、日期和具体时刻是寻找作为劳动条件的事故要素的线索。

（3）什么场所。即事故发生的具体地点。这是确认事故事实的必需项目，也是为进一步查清事故环境，生产条件等伤害原因中物的因素的基本线索。

（4）进行什么作业。回答这个问题不但应确认所从事的作业，还应明确事故发生时的人的动作。这对于进一步弄清人和物是怎样接触（人、物的轨迹如何交叉）而导致事故发生是必要的，也是为进一步弄清人的不安全行为的基本线索。

（5）什么物体或物质（含环境）。即明确导致事故发生的起因物和致害物以及事故环境。

（6）有什么不安全状态。即明确事故原因的起因物的不安全状态。

（7）有什么不安全行为。即明确事故原因中的人的不安全行为，包括除受害者本人外其他与事故有关人员的不安全行为。

（8）事故是怎样发生的。即要明确人和物是怎样接触而导致事故发生或人员伤亡的。这对于弄清事故现象、伤害方式，揭示事故类型，以及追踪事故原因是必须查清的。

（二）流程图分析法

就是把事故发生过程、事故原因构成等用流程图的方法表示出来，使人们能一目了然。它根据事故发生的时间顺序，按事故发生前、事故发生过程中和事故发生后三个阶段，来分析事故构成要素（人员、物、设备、地点、环境、过程等）的变化情况。

五、其他的研究方法

其他的研究方法还有文献分析法、专家测评法等。

第三节　研究安全问题的价值

安全是人类生存与延续、组织高效生产与个体幸福生活的基本前提与保障条件。

一、安全维系着人类的生存与延续

安全对于人类生存与延续来说至关重要。从开篇案例 1 中我们看到了食品安全，从食品中获得充足的营养，包括人类在内的所有动物才能够进行新陈代谢，维持生存。食品安全并不仅仅是食物没有毒性，对于一个国家和社会来说，有没有充足的粮食供应也是至关重要的。从案例 2 中我们看到了一个失去理智的人，对于社会和他人安全构成的严重威胁。排除社会中的各种不安定的因素，维系社会和谐发展，是公共事务管理机构的重要职责，对于学校来说，要想方设法首先保障受教育者在校期间的人身财产安全。

二、安全制约着组织生产效能

安全是组织生产效能的重要保障。安全事故发生后，不仅会消耗组织内的部分力量来处理事故，而且会对组织中的个人产生不可估量的消极影响，进而影响到组织的整个生产效能。

三、安全是个体幸福生活的基本前提

安全是人的基本需要之一，无论衣食住行，都需要安全。从积极心理学的研究成果来看，安全是积极环境的重要因素，积极环境又构成了个体主观幸福感的主要内容。

总之，安全是与人类社会同在的重要命题，深入研究安全问题，能够为个体生活、组织生产效能，乃至整个人类社会生存与延续提供重要保障。

第二章 学校安全

【案例】

1. 近年来，不断发生的各种校车重特大事故让人触目惊心。如广西 2009 年就发生了 24 起校车交通事故，造成 24 人死亡。2010 年 2 月 26 日下午，江苏省如皋市一幼儿园的校车在送孩子回家时，7 座的微型面包车内竟被塞进了二三十个孩子。其中一名入学才两天的四岁幼儿，因车厢内拥挤发生呼吸困难，经医院 6 个多小时的抢救，仍未能挽回其生命。2010 年 5 月 10 日早晨，湖南省浏阳市沿溪镇大光湖村富岭坳上一辆校车翻车，车上载满小学生，当场死亡 3 人，送医院抢救过程中死亡 5 人。

2. 石家庄市某中学初二年级女生王某，半年来被 5 个同年级的学生收取“保护费”3 100 多元。这些同学多次以“罩”着她、或者认作“妹妹”、或者“交朋友”为名，变着法儿索要钱财，稍有不从，便以“收拾”“走着瞧”相威胁，少则 5 元、10 元，胃口大的一次要了 1 000 元。一个号称“姐姐”的，要求每个星期上交 50 元。

3. 曹某，江苏省某县骨干教师，在不到两个月的时间内，以背课文、批改作业为名，在教室内先后对班上的 25 名女学生进行了猥亵，有的被猥亵过 6 次之多，有的一天之内就被猥亵过两次。该犯 52 岁，已执教 30 余年。

✦ ✦ ✦ ✦ ✦ ✦

学校，是人类社会文明传承与个体社会化的重要载体。作为社会公共安全的重要组成部分，学校安全重在学生的安全，包括其生命权、健康权以及身体权，一般不包括财产权。维护学校安全，直接关系到青少年学生能否安全、健康地成长，关系到千千万万个家庭的幸福安宁和社会稳定。

第一节　学校和学生的安全

一、学校安全的概念

学校安全是指学习、工作、生活在学校这一特定公共环境中的成员个人的权利，特别是人身权利和财产权利不受威胁、危害、侵犯的平安状态。在安全体系中，学校安全属于社会公共安全的重要组成部分，在一定的情况下也与自然安全有着相关性。

学校成员总是以个体的身份而时时置身于学校共同体之中，因此个人的安全又构成了公共安全的一部分。当学校成员个人安全受到威胁和侵犯时，学校整体的安全也同时受到威胁和侵犯，因而学校安全是社会公共安全的一部分。明确学校安全属于社会公共安全范畴，有利于正确认识学校安全管理的原则、措施与方法，有利于合理配置学校安全管理的责任，尤其是界定学校安全事件发生后的法律责任。

通常来说，学校安全包括三个层次。第一层次，作为学校成员的学生安全，包括学生人身安全、财产安全和其他权利安全等方面；第二层次，作为学校成员的教师等职员的安全，包括其人身安全、财产安全和其他权利安全等方面；第三层次，学校成员所在的环境安全，包括学校内部管理秩序，如校园治安以及校园周边环境的治安秩序。

（一）学校成员的学生安全

学生是学校最主要的成员，尽管离开学校之后也可以称为学生，但其主要的身份属性是家庭、社会或社区的成员。学生的人身安全是学校安全的重心，学生也有财产安全，与成人社会相比，其财产权在权利体系中并不占有重要分量。然而必须注意，学生财产与人身安全有着十分密切的关系。在校园里经常发生的勒索、抢劫、抢夺财物，尽管指向的是财物，但学生所受到的威胁和侵犯并不只是财产，由此引发的人身安全问题，常常超过了财产本身。其他如名誉权、隐私权和其他各种权利被侵犯，往往是直接引发安全事件的原因。

（二）学校成员的教师等职工安全

在学校，教师的人身安全是重要问题。教师因履行职责而受到来自学生和外界人员的辱骂、殴打等人身攻击的情况时有发生。其财产安全尤其是居家校园之内的教职工的财产安全，成为学校治安的重要方面。教师的其他权利与人身安全和财产安全也有着紧密联系。

（三）学校成员所在的环境安全

学校治安，即学校成员所在的环境安全，是学校安全管理的重要方面。学校治安的外延较为广泛，所有治安现象在学校及其周边的反映与表现，都包括在其中。学校管理秩序的安全是指教学、工作、生活秩序的正常化，没有或较少受到各种不安全因素的威胁；学校及周边治安，是指学校没有或较少受到校园周边违法犯罪和其他不良文化的侵害和干扰，包括学校公共财产的安全。

二、学生是学校安全的重心

学校旨在培养教育学生，学校和教师的存在都以学生的存在为前提。因此，学校须以学生为中心。之所以学生安全优于学校安全中的其他层次和方面，是由学生权利的有限性所决定的。

学生权利是指学生基于其特定身份和地位而依法享有的各种权益。如享有选择学校、免费学习、领取课本、使用教学和物质手段、享受助学金、奖学金、参加学校社团、参与学校管理等具有学生身份特点的权利，即作为学生享有在学校接受教育，获得与受教育有关的帮助的各种权利。在校学习期间受到安全保护，是学生权利当中的一项最为基本的内容。

国内立法和司法中，确立了儿童优先原则，该原则直接决定了学生权利在相关的法律关系中具有不可置疑的优先性。学生权利的优先性至少包括两层含义：从学生权利与义务的相互关系层面出发，学生的权利义务并不相等，在未成年阶段主要是享受权利而不是履行诸如纳税和服役等义务，享受权利对于履行义务，占据了压倒性优势；从学生与学校的关系层面来看，学生与学校的关系，包括了学生与教师的关系，因为教师是学校的职务工作人员，学生是整个教育教学活动的中心，学校和教师都因为学生而存在，因此学生是学校和教师存在的目的。

三、捍卫学生的人身权与受教育权

学生在学校受到伤害，不仅仅表现为其人身权受到侵犯，其受教育权受到侵害也是重要表现形式之一。因此，对于学生的安全保护，既要保护其人身权，又要保护其受教育权以及其他权利。

学生在学校不是一般意义上的未成年人，而是正在接受国家和社会教育的未成年人。一个学生在学校受到伤害，会严重削弱其安全感，进而影响其适应社会与服务社会的信念。

在我国的宪法里，人身权和受教育权都是宪法规定的基本权利，是重要的基本人权。所谓人身权，是指与公民人身有关的各种权利的总称，包括人格权和身份权两大类，其中最为重要的是生命权、健康权、人生自由权和人格尊严权。所谓受教育权，是指公民依法享有的要求国家积极提供均等的受教育条件和机会，通过学习来发展其个性、才智和身心能力，以获得平等的生存和发展机会的基本权利。纵观整个教育史，就是民众争取受教育权的历史。将公民接受教育的权利以法律的形式规定下来，是法律最为重要的功能之一。

未成年人与一般公民的受教育权，有着明显的区别。中小学阶段是人的成长的关键阶段，未成年人的生理发育和社会化，基本上在该阶段完成。通常来说，中学结束，也就进入了成年，进入了社会。

在中小学阶段，未成年人受到身体的伤害，也就同时严重地阻碍了他们受教育的权利，造成身心俱损的结果。在处理校园暴力和安全事故时，不能单纯以生理的伤害为标准，应同时考虑心理的标准，既要考虑受害学生人身权被侵害的情况，也要考虑其受教育权被侵害的情形。

第二节　学校安全的特点

学校安全工作的出发点和归宿即给师生提供一个安全的校园环境，保证教育教学工作的顺利开展。世界卫生组织提出，安全学校是指以执行计划方案和监督为根据，跨校园、以小区为基础的、长期的、能维持的及预防伤害的安全教育实施方案，其行动区别于其他事故伤害预防计划，其主体以全校学生和教职员工为主。

一、脆弱性是学校安全的显著特点

脆弱性是学校安全的显著特点。脆弱，即易受伤、易受攻击、难防御，开篇案例 1 中的校车惨案即其表现之一。学校安全的脆弱性，既指学生的脆弱性，也指学校的脆弱性。因其脆弱性的存在，全社会把儿童视为任何时候、任何情况下特殊保护的对象。

通常来说，学校是未成年人最为集中而且集中时间最长的场所，除了在家庭，大部分时间是在学校度过的。未成年人由于生理、心理发展不足，缺乏社会经验，对威胁、危险、风险等识别判断能力、避险能力、自身防卫能力都等十分欠缺，他们往往不能判断或者不能较为理智清晰地判断哪些情况下会有危险因素，不能或者难以有效地使自己避免深处危险之中，或者很快脱离危险的场景，而处身于危险之中，他们不能有效地对威胁和危险加以抗拒和防卫。尽管对于威胁和危险的识别能力、避险能力、防卫能力等存在年龄差异，但总的来说，与成人相比，儿童智能处在受保护的被动地位。因此，在学校面临危险、受到攻击或者其他伤害的伤害，教师的职责是保护学生，而不是首先选择自卫和自救。

脆弱性最重要的表现是，缺乏对于安全威胁的识别能力，即不能准确判断威胁和危险的存在，容易轻信他人而受到欺骗。学生们对于建筑设施、设备、器材等存在的隐患，基本上难以察识，从而不能意识到置身其中的危害。

二、全局性是学校安全的条件保障

全局性指的是，维护学校安全，实现既定教育目标，需要包括社区、家庭和社会在内的多个系统之间的通力合作。这里以学校和社区的关系为例来予以说明。

现代学校已呈现出与所在社区融合的趋势。现代教育已不再是学校单方面的责任，而应该由学校、社区及家庭共同担起教育学生的责任，只有三方面有机结合起来，加强联系，才能培育出合格的人才。学校与社区之依存关系表现为，两者具有共同的教育功能，有地缘关系，有相互为用的资源。

当前国内学校与社区合作的现状不容乐观，表现在以下几个方面。

(1) 观念层面。人们通常认为学校是社区的楷模，民众没有能力参与教育事务；社会大众认为教育所指只是学校教育，学校也以教学为主要目的，对社会行动兴趣不高；学校生怕家长太了解校务而涉入过深，教师也担心外力的干预造成困扰；家长认为办学是政府的事，孩子交给学校就没事了，对公共事务无心参与。

(2) 实践层面。社区民众或家长参与校务，仍以服务性工作为主，学校并不愿意引导家长参与校务决策和规划；部分学校开放校园，造成安全维护上的实质威胁，社区无法组织义工参与。

(3) 组织层面。学校一般没有配置专职的社会教育人员，社区的社工人员编制也太少，两者之间缺乏联系；学校校长或兼职行政人员与社区理事会或地方机关之间，并无职务上之相互参与，缺少了彼此沟通了解的机会。此外，学校虽然比社区拥有较为坚实的组织结构，但学校终究只是社区下的一个次级系统，在整合其他次系统上有其困难。

为此，通过改变观念、健全组织和务实工作等来构建学校与社区之间的合作关系是有必要的。在我国，学校都是一个完整的生活单位，有自己的操场，有自己的图书馆。而且学校与社区基本处于完全隔离的状态，互不往来。然而像操场这种公用场所耗资较大、占地极多，因此在我国很多城市出现了与西方完全相反的情况，即学校大多有完备的运动场地和器械，而社区在这方面却是少有资源。若学校向社区开放会带来一些问题，比如，如何避免影响到学生的学习和锻炼，如何避免学校的财产受到破坏等，这些都给学校管理提出了新的难题。

学校与社区应将对方视为可运用的资源，将对方视作共同工作的伙伴。在确定发展目标的时候，充分考虑对方可资利用的资源，相互建立高效的沟通渠道，确认双方共同关注的问题，如学校周边安全与社区文化建设等，共同筹组解决问题的委员会或工作小组，进行方案磋商。

三、主体性是学校安全的关键因素

如前文所述，学校安全旨在通过各种有效手段，为参与教育教学活动的主体提供安全的保障，保障受教育者人身权和受教育权的实现。

首先是倾听，让学生和教职员工指出他们认为最重要的安全问题，提高安全意识是预防事故伤害最重要的方面，养成预防的技能更是学校安全教育所必须要做的；要争取和确保强有力的执法和行政部门为学校安全提供政策支撑。

其次，主体性反映在学校安全主体的自我防范意识和主动参与性方面。学校通过安全教育，让广大师生对与安全有关的法律法规有一定的了解，特别是对各种常见安全问题的应对方法掌握于心。通过校本课程建设和实施，重点对本校师生安全构成威胁的问题予以研究，吸引广大师生主动参与进来，共同商讨可行的安全对策。

最后，主体性并非意味着在任何情况下的主动参与。通常学校教育的内容之一即见义勇为，这一点做法在笔者看来不是很恰当。对于学生来说，特别是低年龄阶段的学生，本身对于行为的可能后果估计不足，如果在遇到危险时，一味追求见义勇为，反而可能因为不具备相应的能力，结果导致更为严重的人身财产安全事故。对于学生的安全来说，主体性主要表现为安全意识的提高，主动参与安全学习。

第三节　学校安全存在性威胁与成因

近年来，尽管各级政府、教育行政部门和学校加强了学校安全管理，但学校安全事故仍然频繁发生，其严重后果使学校安全问题成为了社会关注的热点。针对一些地方中小学安全事故多发特点，教育部多次下文，出台了一系列有关安全管理政策和部门规章，但事故仍然接连不断。

安全就是面对存在性威胁的一种生存，对于安全问题进行研究，不能绕开的一个概念就是存在性威胁。研究学校安全的存在性威胁，意在揭示学校安全存在着哪些突出的问题以及产生这些问题的主要原因，从而明确学校安全的目标和对象。

一、学校安全存在性威胁因素的特征

学校安全的存在性威胁是指危害、损害和破坏学校安全的状况。威胁是直接或间接对安全的随时随地可能发生的危害，人们通常称之为危险或风险；存在性指实在的、发生的、产生的、现有

的；存在性威胁兼具可能性和现实性的特征。学校安全包括学校和学生、教师等人员的安全，其内容又包括了人身安全、财产安全等方面。学校安全的存在性威胁，关系到学校的建设与发展，关系到学校的教育教学秩序，关系到师生的生命、健康和财产。

学校安全的存在性威胁表现出这样的一些特征：

（1）不确定性。存在性威胁的产生、发展到最后形成实际的危害，其实际和结果以及对学校和学生的影响无法预测。

（2）复杂性。各种发生的危害事故、事件性质和具体原因都比较复杂，无法掌握，其对学校安全的影响是相互连锁的，事发时和事发后所采取的处置行动和补救措施也相当复杂。

（3）时机紧迫。事故、事件往往是突发的，可能在极短的时间内造成人员的健康、生命和财产的重大损失，并且事发后也需要尽可能快速反应，及时给予控制和处置、补救。

（4）信息不全。事故、事件发生时，往往有关危机的信息相当不全，甚至完全中断，造成沟通、判断和处置的极大困难。

二、学校事故与校园暴力

学校事故和校园暴力是威胁校园安全的突出类型，事故是因为意外或者人们的疏忽大意而造成的损害事件，发生在学校的故意伤害行为我们称之为校园暴力。

（一）学校事故

学校事故，往往发生于学校实施教育教学活动或者学校所组织的校外活动中，发生在学校负有管理责任的校舍、场地、其他教育教学设施与生活设施，通常造成在校学生人身损害的后果。

学校事故分为有责任主体的学校事故和无责任主体的学校事故，前者又可以分为学校侵权事故、第三人侵犯事故和受害学生自己承担责任的事故，无责任主体的事故通常由不可抗拒的力量和因素引发，具有不能预见、避免和克服的客观性。

从侵犯学生的主体来划分，在学校安全管理中要特别注意以下几类学校事故。

1. 学校管理责任缺失导致的事故

（1）学校危险建筑设施的伤害事故。即由各种具有危险因素、不符合安全标准的建筑设施，如年久失修的房屋、狭窄的楼梯、低矮的栏杆、不牢固的门窗玻璃等所引起的伤害事故。据不完全统计，全国各地因为房屋垮塌、楼道拥挤踩踏而导致学生伤亡的事故每年都有发生。对于一个学校来说，建筑设施所造成的事故，往往与管理制度和教职人员的职责联系在一起，共同发生作用，形成学校事故。尤其是学校的基础管理工作，在预防学校事故中起着特别重要的作用，因而在事故的形成过程中，同样起着重要的因素和条件作用。

（2）学校教学设施设备所致的伤害事故。在体育活动课程中，由于活动场地和体育设施的问题导致伤害，在各种实验课教学中，因实验室建设不合标准、器材不合格或者使用不当造成的学生伤害事故，也时有发生。

（3）学校安全制度缺失所致的伤害事故。尽管国内各级各类学校都建立了相应的安全管理制度，但是贯彻不力、形同虚设的情形十分普遍。因学校管理不善造成的火灾、食物中毒等事故，是近年来学校安全领域的突出问题。食物中毒和火灾事故，是各级教育主管部门安全工作重点防范的内容，然而事故发生率并无明显走低的趋势，原因在于学校的基本建设和管理基础工作没有得到有力的加强。在学校相关的安全管理制度中，门卫制度存在着重大的安全隐患，许多教师和家长对门卫制度不健全、不落实的担心是有根据的：一些校外危险因素如汽车、危险物品等进入校园，对学生安全造成了严重威胁。教师值班制度、宿舍管理制度、教学设施设备管理制度、安全检查督促制度等，都存在隐患。而任何一项制度或措施的疏漏，都有可能成为学校事故的发生因素。

2. 教师职务过错造成的学校事故

学校教职员工在履行职务的过程中，最容易发生伤害学生的情形是体罚与变相体罚，尽管相关法律法规对此做出了严格的惩处规定，但是仍有不少学校和教师依然有禁不止。教师和其他教职人员在教育、教学和管理的过程中，出于教育惩罚目的对学生进行体罚甚至殴打而造成伤害，这是学校事故中较为常见的现象。

3. 同学所致学校事故

常见于学生之间，在教学中特别是在玩耍娱乐中，伤及其他同学所导致的事故。游戏玩耍中必然包含着一定的风险，由于学生识别能力和自我控制能力不足，特别是低龄学生，他们生性好动，在游戏、玩笑和打闹过程中，误伤他人的事例屡见不鲜。在伤情不重的情况下，学生往往会自愿忍受，通过赔礼道歉而息事宁人。一旦超过了通常的限度，形成伤害事故则会引发纠纷，以致想要通过诉讼手段加以解决。

4. 学生自身导致的学校事故

学生自身因素或者个人行为也常常导致伤害事故。意外原因，如学生自身疾病，在学习过程中发生伤害结果如眩晕、休克以及由此导致的摔伤，甚至因隐性疾病而致猝死。学生个人行为导致的伤害事故，常见于疏忽行为，如攀爬导致跌落摔伤甚至死亡，还有学生自伤甚至自杀的行为。一般来说，学生自身导致的伤害事故，在没有复合原因的情况下，由自己和监护人承担责任，学校可以免责。

5. 校外人员导致的学校事故

校外人员进入学校从事正常的商务、施工、维修等工作，或者校外其他学生进入学校玩耍、联络本校同学时，也有可能引发学生伤害事故。

（二）校园暴力

所谓校园暴力，指的是发生在学校内或者学校所组织的教育教学活动中，以故意伤害他人为意图，针对学校、学校成员特别是学生的暴行、破坏，尤其是侵害生命、健康、身体的行为。校园暴力也可以是针对财物的破坏行为，与校园事故相比，暴力事件具有多发性、广域性等特征。一般来说，随着学校教学设施、设备的逐步完善和管理的逐步规范，对于事故防范的管理水平会越来越高。因此，学校事故会越来越少，校园暴力并不会随着设施安全性的提高而明显减少。发达国家的发展历程也表明，对于校园安全的关注，重心在校园暴力上。

我国当前校园暴力行为的特征主要表现为：有日益凶暴的趋势，在全国各地存在的校园暴力，斗殴、恐吓、勒索、伤害老师等个案有增长的苗头；地区普遍化、时间全年化，校园暴力行为的发生已经具有地区普遍性，且发生时间并不限定于特定时期；结伙行为明显，在斗殴、行凶等行为中，两人以上共同作为的情形较为普遍；加害人和被害人往往呈互动关系，不少校园暴力中，被害人本身的不良行为甚至犯罪行为就是引发校园暴力的原因，或者也是校园暴力的一部分。

三、学校安全存在性威胁的成因

学校安全存在性威胁的成因是复杂的，可以大致归结为校内原因、校外原因以及两者的交互作用，因此，还有必要在社会背景层面予以剖析。

（一）校内原因

1. 学校安全管理制度漏洞与失职

目前，我国有相当数量的学校，特别是农村中小学，还没有建立起完整的安全保护措施，普遍存在安全制度不健全，管理不严格的现象。多数学校未配置安全工作人员，有的甚至连门卫都没有，大多数学校门口没有维持交通秩序的人员。对学校各种设施的定期安全检查制度不健全，对集体活动的安全保护措施不力。学校许多公用设施，如灯光、卫生间、饮水设施等，都不能达到国家规定的安全标准。

学校教育方法不当、教师素质差等因素也是导致学生安全问题的重要因素。一些教师不注重师德修养，法律观念淡薄，在教学工作中态度粗暴、方法简单，对于学习落后或违纪的学生采用讽刺、挖苦、侮辱、体罚或变相体罚甚至暴力殴打等方法，导致学生人身伤害、残废甚至是死亡的惨痛事件。

学校课程设置与教学内容方面也存在着严重的缺失。在多数中小学课堂上，校内安全、校外活动安全、交通安全、自然灾害防范、对暴力以及性侵犯等教育至今留有空白。事实上，对学生的健康与安全教育不仅是传授知识，还应包括学生识别危险的能力和自我防卫技能的培养与训练。

2. 来自校内违法犯罪的恶意侵害

违法犯罪者本身是学校成员，如学生、教师或员工，校园内学生相互之间的暴力行为，是这类伤害中最为常见的，教师对学生的犯罪也并非少见，开篇案例 3 即为典型之一。

3. 管理者的疏忽大意

人为的疏忽漠视是最大的因素，不经意的管理态度往往造成无法补救的伤害与遗憾。明文规定的安全规则不予执行，明知道存在着不安全因素还抱着侥幸心理，认为发生问题的可能性小，轻信能够避免，于是极小的可能性就变成了完全的现实性。

（二）校外原因

校外安全隐患向学校的侵入和渗透，常常是威胁学校安全、威胁学生安全的重要因素。社会相关行业向学校提供不合格甚至是劣质的教学设施、设备、装备，特别是食品，一直是学校安全的重大隐患，一旦这些隐患爆发、转化为现实的危险，就极具伤害性。不少学校发生的食物中毒事故，就是这样造成的。

学校周边不良治安环境，时刻对学校安全存在威胁。学校总是处于特定的社区环境之中，因此，学校与社区之间有着难以割舍的关系。对于学校安全管理来说，周边环境是学校的一部分。学校周边不良治安环境的主要危害表现在黄、赌、毒以及兜售不良商品和不卫生食品等方面。

（三）校内外因素的交互作用

某个安全损害结果的发生，往往是多种因素共同作用的结果。校外因素有时直接对学校安全发生作用，如校外劣质产品和服务直接危害学生安全，校外违法犯罪直接以学生为侵害目标。有时校外因素要通过校内因素发生作用，该情况似乎更为常见。尽管学校安全经常表现为内部问题，或者说结果发生在学校内部，但是原因和促成、影响因素在校外，或者部分因素在校外。如政府对违法犯罪打击不力，家庭中父母教养方式不当等，都有可能直接或间接影响到学校安全。

（四）社会因素

从宏观上来看，学校安全问题，是在深刻和广泛的社会背景中产生和变化的。

中国教育的改革和发展具有明显的跨越式、超常规的特点，这种巨变肯定带来某种程度的失范与无序。教育改革和发展中的不平衡，使安全的不力因素增加甚至成为不安全的诱发因素。

近年来，我国治安状况的恶化已被全体社会成员所感知。它使学校安全处于令人担忧的治安大环境之中，把学校安全放在这样的社会治安环境中认识，不难看到社会中的违法犯罪、社会黑恶势力、社会丑恶现象对校园的侵害是严重的、多方面的。

中国人口结构的变化，直接改变着社会心理。当前我国正在步入老年社会，老年人更加关注下一代的健康成长，而老年人所理解的健康成长与教育科学所持的观点不尽一致，他们更关注的是安全问题。人们对安全问题心态的改变，从另一个侧面强化了学校安全的严重性。

第三章 安全工作

学校安全工作关系到社会的稳定，关系到学校的教育教学工作能否正常开展，它的责任重于泰山，必须常抓不懈，时时警钟长鸣。

第一节 安全工作概述

一、安全工作的含义

学校安全工作的好坏，关系到学校教育的发展和社会秩序的稳定，必须实行“一把手”负责制。学校安全工作就是通过成立安全工作领导小组，建立健全各种安全管理制度，针对本地本校实际，制订学校安全工作应急预案，注重日常安全管理，切实保证学校的人、财、物安全的工作。校长是学校安全工作第一责任人，要亲自抓，负总责；负责安全工作日常管理的副校长要集中精力抓，切实负起具体责任；班主任和科任教师要从细节上抓好学生的安全教育，强化学生纪律观念，规范学生行为。

二、安全工作的意义

（一）学校安全工作是依法治校的重要表现

近几年来，我国《教育法》《义务教育法》《未成年人保护法》《预防未成年人犯罪法》《教师法》等法律的实施，进一步充实了依法治国的内容。在依法治国的良好环境下，学校的依法治校工作也得到了进一步的提升。

从法律上讲，依法治校体现一种法律关系，即依法治校必须由主体、内容和客体三大要素组成，依法治校的主体是指以各种方式参加这一法律关系，并在其中享受权利和义务的当事人，它包括教育行政部门、学校、教师、学生等。这些当事人的权利与义务是什么？有哪些？必须由法律来确认和规范，并以法律条文形式加以保障。这就是依法治校的内容，也是教育法律关系的核心。依法治校的客体主要指治理学校的物，即一切保障设施，以及当事人的行为，包括作为或不作为等。

学校进行日常管理的过程与目的，就是要使依法治校法律关系中的三大要素有机运转、统一协调，杜绝工作的随意性、危险性，确保教育教学工作在安全、稳定的状态下有序开展。

学校日常工作的内容很多，但都必须以“安全”为依归。学校日常工作如果没有了安全，依法治校就会变成一句空话。

（二）安全工作是学校人文关怀的核心内涵

学校的教育教学工作，实际就是育人工作。育人工作做得如何，除了刚性的国家法律、法规落实得怎样，还要看这个学校柔性的人文关怀氛围怎样。俗话说，“医者父母心”，“教者”也有“父母心”，这个“父母心”就是学校与教师对学生的人文关怀。教师的人文关怀，简单地说就是教师的职业道德。

《中小学教师职业道德规范》中第二条“爱岗敬业”中有这样的内容：“教书育人，不敷衍塞责，不传播有害学生身心健康的思想”；第三条“热爱学生”中有这样的内容：“关心爱护全体学生，尊重学生的人格，平等、公正对待学生，对学生严格要求，耐心教导，不讽刺、挖苦、歧视学生，不体罚或变相体罚学生，保护学生的合法权益，促进学生全面、主动、健康发展。”这些具体内容概括起来，其核心内涵就是“确保学生的身心健康与安全”。现在很多学校都提“以人为本”，“学生的身心健康与安全”就是真正的“本”。

学生是学校的教育教学对象，安全关爱是关爱学生的基石与核心。若没有做到关爱学生的身心健康与安全，其他方面的关爱也难以落到实处。“生命不保，谈何教育！”

（三）安全工作是学校可持续发展的根本保证

一个学校要持续发展，需要上级领导的大量投资，需要社会各界的大力支持，需要学生的认真努力，需要教师的辛勤劳动，需要安全。一个学校要持续发展，需要有两条生命线支撑着：一是长期的校园安全（包括师生安全、校产安全）；二是良好的教育教学质量。

以前我们认识到，在学校日常工作中单提“教育教学质量是学校的生命线”，是有欠缺的说法。目前我们更加认识到，一个学校，如果经常有学生受损伤的情况，教学设施设备经常出现对师生人身安全有损害的事故，教工之间、同学之间、师生之间经常有人身的相互攻击行为等，那教工有心工作、学生有心学习吗？家长能把自己的子女送到这样的学校吗？答案肯定是显而易见的，没有一个家长会用子女宝贵的生命换取没有生命寄托的分数。长期下去，没有学生的学校，能叫真正的学校吗？

单提“教育教学质量是学校的生命线”，是片面的应试教学思维在学校管理思想中的突出表现。把“长期的校园安全”“良好的教育教学质量”同时当做学校的生命线，才有可能真正回到“以人为本”的正确管理轨道上，才有可能确保学校持续发展。否则，如果只重视教育教学质量，忽视学校的安全工作，这样的学校生命必定是昙花一现的。

三、安全工作的原则

（一）“一岗双责制”

即学校各个岗位人员都担负安全责任，既要完成本岗位的业务工作，又要履行好岗位安全职责。把安全工作纳入学校常规管理范围。科室每学期的工作计划、工作总结都要有安全工作的内容。

（二）“安全问责制”

即实行安全工作责任制，各部门应层层建立安全责任制度，切实做到层层有目标，人人有责任，形成安全工作人人都管事、事事有人管的局面。学校与各部门负责人每学年签订一次安全工作目标责任书。各部门负责人要与所管辖人员签订安全工作目标责任书。

（三）“首遇负责制”

即安全隐患、安全事故谁先遇见，谁就有责任监督、处理，直到隐患消除、事故解决，不能因“不分管”为理由推诿安全责任，相互扯皮。属于自己职权范围以外难以处理的，首遇人要报告相关部门及相关人员处理。有关部门接到安全报告后要及时处理。

第二节　学校安全工作目标与要点

一、学校安全工作的目标

（一）建立校园安全预警机制，防患于未然

（1）健全学校安全预警机制，制订突发事件应急预案，完善事故预防措施，及时排除安全隐患。

（2）学校主动与公安机关联系，强化校园周边整治力度，维护校园及周边环境安全。

（3）加强安全预案的演练，事故发生后启动应急预案，对伤亡人员实施救治和责任追究等。

（二）建立健全安全管理制度，把学校安全工作纳入制度化管理轨道

（1）建立健全校内安全工作领导机构，实行校长和班主任负责制。

（2）健全门卫制度，禁止无关人员和校外机动车辆入内，禁止

携带危险品进入校园。

（3）建立校内安全定期检查制度和危房报告制度。对学校建筑物、设备、设施进行安全检查；发现存在安全隐患的，应及时停止使用、及时维修或者更换；维修前应当采取必要的防护措施或者设置警示标志，在校内高地、水池、楼梯等易发生危险的地方设置警示标志或者采取防范设施。

（4）落实消防安全制度和消防工作责任制。

（5）建立用水、用电等相关设施设备的安全管理制度，发现老化或损坏的，及时进行维修或者更换。

（6）建立学生安全信息通报制度，将学校规定的学生到校和放学时间、学生非正常缺席或者擅自离校情况，以及学生身体和心理的异常状况等关系学生安全的信息，及时告知其监护人。

（7）建立安全工作档案，记录日常安全工作、安全责任落实、安全检查、安全隐患消除等情况。

（三）加强日常安全管理、确保师生安全

（1）学校组织学生参加的集体活动或者社会综合实践活动，必须采取有效措施，为学生活动提供安全保障。

（2）学校组织学生参加大型集体活动，实行申请报告制度，并指定安全应急预案，配备相应设施，经批准后方可实施。

（3）学生在教学楼进行教学活动时，学校应当合理安排学生疏散时间和楼道上下顺序，安排巡查人员，防止发生拥挤踩踏伤害事故。

（4）学校不得组织学生参加抢险等应当由专业人员或者成人从事的活动。

（四）积极开展安全教育，安全工作常抓不懈

（1）将安全教育纳入教学内容，对学生开展安全教育，培养学生的安全意识，提高学生自我防护的能力。针对不同课程实验课的特点与要求，对学生进行实验用品的防毒、防爆、防污染的安全防

护教育。对学生进行用水、用电、道路交通安全的安全教育，对寄宿生进行防火、防盗和人身防护等方面的安全教育。

(2) 在开学初、放假前，有针对性地对学生集中开展安全教育。根据实际情况，有针对性地对学生开展下河洗澡的安全卫生教育。

(3) 制订教职工安全教育培训计划，通过多种途径和方法，使教职工熟悉安全规章制度、掌握安全救护常识，学会指导学生预防事故、自救、逃生、紧急避险的方法和手段。

二、学校安全工作要点

(一) 加强校舍安全排查工作

各学校尤其是地处危险区域的学校要对校舍安全情况进行逐一排查，重点检查旧校舍、改建校舍的结构安全情况。对排查出有安全隐患的教室要立即停止使用，必要时采取临时停课等紧急措施。各有关部门要加大对有安全隐患的学校校舍的拆除、改造工作。

(二) 加强校车管理

切实做好校车安全技术检验工作，加大对校车驾驶员的安全教育力度，及时查、堵校车管理漏洞。凡用于接送学生的校车必须经交管部门审核合格才能投入使用。坚决制止校车超载、超速和使用故障车、拼装车、报废车等违规违章行为，从源头上消除安全隐患。

(三) 加强校园内部保卫工作

各学校要有专人负责校园内部安全保卫工作，认真落实岗位安全责任制和严格的门卫、保卫值班巡逻制，要建立事故及时报告制度、突发事故应急预案和安全预警机制。寄宿制学校要配备教师或管理人员专门负责管理学生宿舍，落实夜间值班巡查制度，坚持对寄宿学生进行晚自习点名和定时查铺。加强对教职工、聘用人员、临时工的资质审查，防范和避免内部人员侵害学生的事件发生。

（四）加强消防安全工作

各学校要建立完善消防安全责任制，确保消防设施齐全，消防通道安全、畅通。校园内电网、煤气管道铺设及电器、煤气设备等基础设施要符合国家安全标准，并定期进行安全检查，消防器材要定期检查、更换。遇紧急突发情况时，要有专人负责指挥疏散学生撤至安全地带。每年要定期举行安全自救演练，确保师生正确使用消防器材和掌握逃生自救方法。

（五）加强饮食卫生安全工作

学校饮食卫生、食堂设施设备以及食品的购买、运输、储存、加工、留验要符合卫生标准，严格实行食堂从业人员培训上岗制度，严禁无卫生许可证擅自经营现象发生。对不符合食品卫生标准，达不到卫生防疫标准的食堂、小卖部一律停止使用或关闭。

（六）加强安全教育工作

学校要有针对性地对学生开展一次安全教育，特别是加强学生应对游泳、交通、洪水、滑坡、火灾、地震等突发事件的应急训练，提高学生自救自护能力，预防溺水、交通等事故的发生。

1. 交通安全教育

交通安全教育主要包括行路、骑车、乘车、乘船等。学校要教育学生学习交通法规，熟悉交通信号（信号灯、手势）和标志，掌握交通安全常识，在生活中自觉遵守交通规范，切实保障自身和他人的交通安全。

2. 日常生活安全

日常生活安全包括防触电、防煤气中毒、防火、家务劳动安全、饮食卫生安全等。

(1) 学校要教育学生掌握用电、用气、用火安全常识，严禁违章操作，能正确识别并学会使用各类灭火器。

(2) 要教育学生严格遵守食品卫生，注意饮食卫生习惯和用餐卫生，严禁食用过期、变质、有异味的食物，不买容易发生食物中毒的菜，防止食品污染，有效防止细菌性食物中毒及防止其他常见的食物中毒，如发芽的马铃薯、没煮透的四季豆、鲜黄花菜、认不准的蘑菇等。

(3) 要利用现代教育技术获取有关信息，学校要指定专人从网上下载饮食安全工作方面的信息，及时向学生通报，特别是各地学校发生的食物中毒事件，要求从中吸取教训，引以为鉴，能起到较好的警示作用。

3. 活动安全教育

活动安全教育包括运动环境和器械的安全、体育课的安全，游泳、滑冰、野外活动与游戏、放鞭炮、人流拥挤的公共场所安全等。

(1) 要教育学生遵守体育锻炼规则，做好运动前准备，掌握正确的动作技巧，游泳要有组织和安全措施，严禁私自下河游泳，杜绝冒险行为。

(2) 要教育学生外出、乘车注意安全，管好钱物，严禁携带易燃易爆有毒物品。

4. 自然灾害中的自我保护教育

自然灾害，包括水火灾、暴风雨、雷电袭击、地震等。如为防范地震伤害，学校专门进行了地震疏散演练等。

5. 社会治安教育

社会治安，包括盗贼、骗子、抢劫、挟持、绑架、黄毒等，要教育学生加强自我保护意识，避免被坏人拐骗和伤害，自觉抵制毒品侵害，远离黄色书刊和黄色音像，不迷恋网吧，注意正当的网上交友。树立正确的人生观、世界观，建立良好的人际关系，注意劳逸结合，科学用脑，克服不良情绪，保持心理健康。

6. 意外事故处理教育

要教育学生发现安全隐患，及时报告老师，掌握安全应急常识，牢记应急电话：火警 119；匪警 110；急救电话 120；交通事故报警电话 122。

第三节　学校安全工作的内容与方法

一、严格落实安全管理责任

（一）强化安全责任意识

树立一个观念：确保安全是第一责任。强化三个意识：安全责任重于泰山、安全工作重在防范、事故防范重在管理。

（二）严格落实工作责任

要严格落实单位主要负责人的“第一责任”，学校校委会成员的“一岗双责”责任。学校要层层签订安全工作目标责任书，将主体责任层层分解，落实到每个教师身上，形成全员抓安全的工作格局。

（三）细化“一岗双责”要求

建立“一岗双责”责任体系，按照“管业务必须管安全”的原则，将安全责任分解到校委会每位成员。

二、建立长效管理机制

（一）开展“安全管理网格化建设年”活动，建立网格化安全管理模式

要进一步细化和调整各项安全管理制度与责任人员分工，将学生在校学习的时间、活动区域等安全工作和责任全部落实到具体的

处室和教师个体，实行“网格化”管理，建立“横向到边、纵向到底”的学校安全工作网络，提高学校常态安全工作水平。

（二）完善安全工作制度

制度是规范行为的保障，是建立长效管理机制的基础，按照市教育局提出的“安全工作制度建设年”活动总体要求，依据《中小学幼儿园安全管理办法》对学校安全制度建设的具体要求，各学校要对重点部位、重要设施和关键环节制订明确的安全管理规定，做到事事讲安全、人人有职责、处处有规章，通过制度上墙、汇编成册、下发师生等形式呈现。

（三）严格执行责任目标考核

学校要按照“一岗双责”及每位教师的安全工作目标责任书的要求，制订对教师的安全责任目标考核细则，将安全职责与个人业务考核挂钩，纳入教师年度考核。凡是安全职责落实不好而出现严重问题的，按照“一票否决”原则，一律取消其评选各种先进的资格。

三、狠抓隐患排查整治

（一）加强隐患自查自纠

继续完善隐患自查自纠制度，做到安全隐患自查每日一查，每周小结，每月汇总上报。一旦发现隐患立即采取措施加以整改，做到“责任、措施、资金、期限、应急预案”五落实。

（二）积极争取社会各界的参与

学校通过开家长会、致家长信等方式积极争取家长支持、参与、监督学校安全工作，并向他们公布学校监督举报电话。同时，积极与镇司法部门和区交警大队联系，充分发挥学校法制副校长的作用，形成教育合力。

四、强化安全应急演练

安全应急演练是培养学生危情自救、自护、逃生的有效办法。本学期将继续实行每周一次的“应急演练日”活动，使师生掌握避险、逃生、自救、互救的方法，确保学生参与率达到100%。

五、以网格化管理为切入点，实施学校安全精细化管理，努力构建平安和谐校园

在新的形势下，学校安全工作形势尤其严峻。为确保师生和学校财产安全，学校在抓好安全常规管理的同时，将学校安全工作进一步抓实、抓细。本学期我校安全工作除按区局安全办要求，实施网格化管理外，还进一步细化了“四个护导”“四个加强”，对学生进行全方位、全天候护导，明确各位老师职责与责任，确保各项工作落到实处，收到实效。

“四个护导”是：① 落实门卫护导，严守大门；② 校园安全护导，对学生在校行为进行护导监测；③ 路队护导，对学生放学秩序进行有效护导监测；④ 楼道安全护导，进一步规范学生上下楼秩序，确保楼道畅通。

“四个加强”是：① 加强对学生日常行为的教育；② 加强对学生日常行为的监测；③ 加强对教师各项护导情况的检测；④ 加强对教师安全责任的划分和责任追究。

预防校园暴力，维护校园稳定。加强门卫工作，规范教师行为，提高护导（值班）质量。强化学生管理，严明校纪，加强学生思想道德教育、责任意识教育、自我保护教育、法制教育和中小学生日常行为习惯养成教育，教育学生热爱学校、尊敬老师、团结同学。开展问题学生问卷调查和危险物品大清缴活动，及时发现暴力倾向，化解矛盾，防微杜渐。

学生交通安全管理。一是采取多种形式对学生和家长进行交通安全宣传教育，增强他们的交通安全意识，培养他们拒乘非法违规

车辆的习惯；二是对学生上下学交通工具登记备案，严禁 12 周岁以下学生骑自行车上下学；三是继续严格执行路队制度和路队护导制度，加强路队管理，保证学生交通安全。

防范拥挤踩踏事故。严格执行楼道护导制度和校园安全护导制度，严防拥挤踩踏事故的发生。

第四节　学校安全工作的有效预防和基本走向

一、学校安全工作的有效预防

（一）制度预防

校长靠什么管理学校？一靠思想教育，二靠规章制度。思想教育是基础，规章制度是保证。

哈佛大学的成功，主要是形成了一种明确的办学理念，一套系统的制度和机制，即使没有校长，哈佛一样可以正常运转。学校安全也是这样，首先要建章立制，一切按规矩办事。

学校安全管理应遵循“积极预防，依法管理，社会参与，各负其责”的方针。“积极预防”，就是要防微杜渐，防患于未然。“积极预防”，是坚持“安全第一”的具体体现。“积极预防”要求我们在学校安全工作中，要建立各项安全管理制度，持之以恒地做好学校安全的日常工作，认真排查和整改安全隐患，积极落实各项安全措施，把安全事故消灭在未发生之前。

（二）观念预防

我国著名预防犯罪问题专家、中国人民公安大学王大伟教授，在中央电视台、北京电视台做了数百场预防犯罪与被害的讲座，大力倡导“以人为本，观念预防”的安全防范新理念。安全防范，不能光靠技防，更重要的是观念预防，如果思想上有了预防的观念，许多安全事故就不会发生。

曾有人想可以用技术预防解决一切问题。由于治标而不是治本，所以防范技术采用后，犯罪一度下降，马上又回升。因此，西方近来流行“软技术预防”，软技术预防＝观念预防＋简单的技术预防＋科学评估，这就把预防提升了一个档次。学校安全的有效预防，必须要技防、物防、人防相结合，但最重要的还是观念预防。

举几个观念预防的语句：“到家门前先回头看一看，再掏钥匙”“生命第一，财产第二”“男女独处一室不要超过30分钟”“不跟陌生人出去”“不给陌生人开门”“放学早回家”“个人身体神圣不可侵犯”“斗智与斗勇相结合”“一个路灯相当于一个警察”。

（三）全面预防

学校安全的有效预防，还要做到全面预防。我们知道，就厦门地区的情况而言，防溺水、防交通事故、防校园周边暴力，是需要重点预防的，因为这些是厦门学校安全问题的“三大杀手”。但学校安全涉及多个方面，还要全面分析，采取有效措施。

比如，学生的心理问题，是近年比较突出的一个问题，其原因多为学习生活节奏加快，升学压力加大，就业形势比较严峻，自杀者有之，出走者有之，更多的是环境适应问题、情绪问题、人际关系问题、恋爱问题、性心理问题、贫困生问题，等等，加强心理教育刻不容缓，其中预防心理问题尤为重要，要让每个学生“保持心理健康，注意心理安全”。

又如，网络安全问题，也是近年来颇为突出的一个问题，网络不良信息对学生的侵害，网上交友不慎的惨痛教训，部分学生出现“网瘾综合症”，极个别学生计算机犯罪，这些都要求我们加强网络安全教育，要让学生做到“正确使用网络，防止网络侵害”，学会在“网海”里冲浪，在“网海”里遨游。

此外，诸如防火灾、防台风、防地震、防煤气中毒、防邪教、防食物中毒、防触电、防运动事故、防集体活动事故、防毒品、防雷击、防性侵害、防地质灾害、防恐怖活动、防洪涝，等等，都是各级各类学校应当全面重视的。

（四）重点预防

我们说要全面预防，但在具体预防时还要重点预防。

比如说厦门市，从非正常死亡人数和事故发生率看，溺水、交通安全和校园周边暴力是“三大杀手”，就要重点预防。既要加强安全的宣传教育，又要抓具体的落实；既要加强安全管理的制度建设，又要注意抓过程的安全检查；既要进行安全隐患的排查（如建筑工地水坑的填埋或设置警示标志），又要注意提高学生的安全防范技能（如让学生学会游泳）。

又如，城市学校要以防交通安全、防煤气中毒、防校园周边暴力为重点，农村和城乡结合部的学校，要以防交通安全、防溺水、防网络安全为重点。

再如，对一所学校而言，还要注意重点部位，如校门及周边小巷、学生宿舍、学生食堂、校园边角僻静处、化学品仓库等的安全预防；注意重点时段如上学、放学、午餐午休、课间操、晚自习下课后等的安全预防；注意重点人员如女生、少数“问题学生”、少数“偏激教师”、临聘人员等的安全预防；注意重点活动如游泳课、外出参赛或活动、大型集会等的安全预防。

（五）科学预防

预防也要讲科学。患有动脉硬化的病人，每晚睡前和夜里每次上完厕所后喝一小杯水（200 毫升左右），就可以有效地防止致命的心肌梗死或脑梗死。这就是科学预防。

比如火灾的预防，就是一个很讲科学性的预防。如购买具有“3C”标志的电器产品；不违章使用电器设备，尤其是“热得快”、电炉等；不要私拉乱接电线；宿舍内禁用明火；不能夜间点蜡烛看书；不躺床上吸烟，不乱扔烟头，等等。

又如溺水的预防，也要处处讲科学。不要独自一人外出游泳；不要到不知水情或比较危险的地方去游泳；中小学生必须在家长、老师或熟悉水性的人的带领下去游泳；易抽筋者不宜游泳或不要到深水区游泳；不要酒后游泳；在游泳中如果突然觉得身体不舒服，如眩晕、恶心、心慌、气短等，要立即上岸休息或呼救。

再如，八月份性侵害案件高发，女生出行要格外小心。这里，送女生一首科学预防的歌谣：八月谨防性侵犯，暴露衣裙应少穿。盛夏之夜危险大，观念预防记心间。

（六）人人预防

所谓人人预防，就是要求学校、家庭、社会所有的人都要有预防意识。“人人讲安全，安全为人人”。

先说学校人。校长要抓安全，因为“校长是校园安全工作的第一责任人”，对学校安全工作负总责。校长要亲自关注安全工作，要把安全工作纳入学校工作的重要议事议程，常抓不懈。分管安全的校领导对安全工作具体负责，分管领导要集中精力抓安全工作，切实负起责任。保卫科长或保卫干事，抓学校安全，是其职责和工作，要全面负起责任来，制度化、严要求、创新性地开展工作。

其他校领导，是不是可以不管安全了？绝对不是！每位校领导都要有安全意识，都要把安全预防落实到所分管的工作中。分管教学的副校长，至少涉及课堂安全、实验安全、体育运动安全、社会实践安全等；分管后勤的副校长，至少涉及食品卫生安全、校园设施安全、校舍安全等。中层干部也可类推开来。

年段长、班主任与学生“零距离”，是学生成长的呵护者，更应细查学生安全隐患苗头，及时预防。年段长、班主任又是与家长联系的“纽带”，通过他们可以更好地让家长提高安全意识，实施有效预防。

科任教师、学校职员，临聘人员也要有安全意识，时时提醒学生注意安全，处处细查安全隐患，发现问题，及时解决，及时报告。

再说家庭人。笔者认为，可以提“家长是孩子校外安全的第一责任人”。家庭人包括父母亲、兄弟姐妹和家庭其他成员。有情况表明，发生在农村家庭、居住在城乡结合部的家庭和外来务工者家庭子女的事故较多，其原因之一就是这些家庭的安全意识相当差。让家庭行动起来，让家庭增强安全防患意识，是有效安全预防的重要措施之一。

最后说说社会人。我们常说，学校安全问题需要综合治理。实际上，就是要让社会各界共同营造青少年健康成长的安全环境。尤其是公安部门、共青团、妇联、交通管理部门、工商部门、文化部门、卫生部门等，严格执行《中小学幼儿园安全管理办法》中的规定，各自做好安全防患工作，确保师生平安。

（七）处处预防

学校安全预防，不只是在教室里，也不只是在校园内，而应包括师生活动的所有场所。有道是“处处留心方能平安无事，时时警惕才可高枕无忧”。

就校内而言，包括校内的道路、教室外的护栏和楼梯、学生宿舍和食堂、实验室、图书馆、运动场等。其中楼梯和学生宿舍要重点预防。

就校外而言，校园周边是否有暴力伤害学生情况、学生回家的路上是否有安全隐患、学生家庭周边是否有安全隐患、甚至学生的家庭里是否有安全隐患（诸如煤气是否会泄漏、家庭有无用电安全隐患等），都应注意了解和提醒，以防不测。

（八）时时预防

学生在校上课要预防，但更重要的是上学和放学时间的预防；学生在校期间要预防，但更重要的是学生放假回家期间的预防。

时时预防，就是要求大家时时刻刻都要有安全意识，时时注意安全防患。这种“时时”体现在上课时、下课时、上学时、放学时、活动时、运动时、游玩时、旅行时，特别是看似平安时，更要注意安全事故。切记：忘记安全之时是事故准备到来之日。

（九）创新预防

安全预防，也要注意创新。

比如，可否设立班级安全信息员，一个明的一个暗的。明的，可以将所见到的安全问题或安全隐患，报告给年级或保卫科；暗的，可以将因担心打击报复而不敢报的安全问题或安全隐患直接报给保卫科。

又如，在师生中进行“安全隐患大家找”活动，让学校师生员工大家查找学校的安全隐患，查找的过程，其实就是一次安全教育的过程。类似地，可以进行查找或自编“安全防患名言警句”活动，看谁找得多，看谁编得好。

学校还可以尝试与校园周边商家、单位（部门）和居民，建立“安全防患共同体”，请综合治理副校长、公安、工商、税务、卫生、文化、交通、新闻、居委会等参与，共同制订“安全防患公约”。一方面，学校积极与有关部门沟通，帮助商家、周边单位（部门）和居民解决有关困难，简化有关经营手续；另一方面，校园周边商家、单位（部门）和群众，都要共同维护学校安全，发现情况，及时化解，及时通报。学校和有关部门，每年还可以表彰一批先进成员，给先进授牌或给予奖励。

学校还可以结合各项活动，融合渗透安全教育。国旗下讲话可渗透，夏令营里可渗透，家访时可渗透，学科教学中可渗透。有的城市，还将安全问题巧妙地融入了中考题中，以增强师生的安全防患意识和安全防患技能。

（十）人文预防

学校安全工作重要，但也不是要搞得人人自危。毕竟社会总体是平安的，总体是和谐的。

学校安全教育，还要根据不同年级学生的特点，使用不同的语言和开展形式多样、丰富多彩的活动。如对幼儿园小朋友，可以使用平安歌谣和平安童话；对初中生，可以使用顺口溜和安全演练；

对高中生，可以开发安全教育校本课程，编写类似《中学生安全知识》《中学生安全教育读本》等教材，进行系统的安全教育。

一些安全教育的口号或话语，也应人文化。如“生命第一，财产第二”“珍爱生命，安全第一”“让人一步，海阔天空”“安全是人生理之外的最大需求”“安全是生命之源、幸福之本”“安全伴着幸福，安全创造财富，安全等于生命”“安全工作时时抓，事故消灭在萌芽”“安全是追求完美，预防是永无止境”“朋友，请你记住，你可以没有其他文化，但你不能没有安全文化，因为它是人类生存本能需要的文化”等，就是颇具人文化的口号或话语。

在安全教育时，也可引用一些名言警句，增强安全教育的感染性。“居安思危，思则有备，有备无患”“生命不保，何谈教育？”“‘人生天地间，忽如远行客’。生命属于每一个人只有一次，相对于天地之悠悠，一个人的生命是短暂的，失去了就无法挽回。”“把生命融入知识，知识因此而鲜活；把知识注入生命，生命因此而厚重”“任大事，不觉难；做小事，不敢忽”“千里之堤，溃于蚁穴”“前车之履，后车之鉴”等，都是富有哲理的安全名言警句。

二、学校安全工作的基本走向

安全形势，趋于杂变；把握走向，积极应对。

（一）从技术预防走向观念预防

安全防范，不能光靠技防，更重要的是观念预防，如果思想上有了预防的观念，许多安全事故就不会发生。曾有人想用技术预防解决一切问题。由于治标而不是治本，所以防范技术采用后，犯罪一度下降，马上又回升。因此，西方近来流行“软技术预防”，软技术预防＝观念预防＋简单的技术预防＋科学评估，这就把预防提升了一个档次。学校安全的有效预防，必须要技防、物防、人防相结合，但最重要的还是观念预防。举几个观念预防的语句：“到家门前先回头看一看，再掏钥匙”“生命第一，财产第二”“不跟陌生人出去”“不给陌生人开门”“放学早回家”“个人身体神圣不可侵犯”“斗智与斗勇相结合”“一个路灯相当于一个警察”。

（二）从重点预防走向全面预防

应该说全面预防要和重点预防相结合，但就目前的情况看，重点预防相对做得比较好些，所以这里强调一下全面预防问题。防交通事故、防溺水（南方）、防煤气中毒（北方）、防校园周边暴力，是需要重点预防的。但学校安全涉及多个方面，还要全面分析，采取有效措施。比如，学生的心理问题，是近年比较突出的一个问题。又如，网络安全问题，也是近年来颇为突出的一个问题。此外，诸如防火灾、防台风、防地震、防邪教、防食物中毒、防触电、防盗、防运动事故、防集体活动事故、防毒品、防雷击、防性侵害、防地质灾害、防恐怖活动、防洪涝、防危房倒塌、防流行疾病、防爆、防意外伤害，等等，都是各级各类学校应当全面重视的。全面预防要和学校各项活动有机结合，合情融入。

（三）从阶段安全走向持续安全

什么是安全？一般的看法是，安全就是不出事，而国际民航组织有个比较科学的定义，“安全是一种状态，即通过持续的危险识别和风险管理过程，将人员伤害或财产损失的风险降至并保持在可接受的水平或其以下。”这种持续安全观，对于学校安全工作是适用的。目前“整顿”式、“阶段”式，搞“安全月”等的活动，是应急的或是结合形势的，理应做好。但抓学校安全，绝不能忽冷忽热，忽紧忽松，虎头蛇尾，绝不能开始时小心谨慎，一达目的或一到期限，便松一口气而沾沾自喜。这容易产生负面影响，不但不利于解决安全问题，反而为安全埋下隐患。要强调“持续安全”观，就是要建立保障持续安全的长效机制，使安全工作常态化、规范化。

（四）从消极安全走向积极安全

学校安全工作中，有一种倾向值得注意，就是在高举学校安全的旗帜下，学校安全观的扭曲。由于学校安全事件层出不穷，“安全”已成为学校心头之痛。为了“安全”起见，有的学校，严禁校外活动，限制校内活动，严控活动范围；有的学校，体育课原有的游泳、铅球、鞍马等取消了，传统的远足、郊游不组织了。消极安全观造成的后果是：学生体能低下，背离素质教育，泯灭学生天性，降低学生社会化程度。而积极安全观就是要辩证处理好如下关系：安全与发展的关系，小安全与大安全的关系，责任与非责任的关系，安全的“特殊”与“常规”的关系。对于可能涉及安全的活动，既不“冒险”前行，更不因噎废食，绝不能因“安全”而废了“教育”。

（五）从宏观管理走向精细管理

学校安全的宏观管理，就是在学校建立校长负总责，分管副校长具体负责，其他副职一岗双责，人人有安全责任、责任岗位和责任区域的学校安全工作总机制；就是校长要有“关键在校，重点在防，做实为本，长效为先”的安全工作总则。绷紧“安全之弦”，还需编制“安全之网”。在具体运作时，还应精细化，对每一项活动，要用心分析每一个细节，尽可能多地预想一些可能发生的问题，尽量避免事故发生后的“没有想到”而“预先想到”。笔者在担任厦门一中校长组织百年校庆庆典时，对老年校友特别安排一个“团队”保护，其中对 90 岁以上的三位校友制订了“两人盯一人”的全程保护预案：了解体能，上门迎接，专车接来，专家体检，过程陪同，药物准备，轮椅预备，专车送回。连性别、身高的“匹配”，到校后先上洗手间，喝何种饮料等，都充分考虑到。

（六）从强化防患走向有效防患

在涉及学校安全工作中，常常听到“宁可信其有，不可信其无”“宁可把问题想得严重些，也绝不能麻痹大意”，这就是强化防患。在台风防患中，有一个术语叫“过度预防”，即把台风可能经过的区域扩大化。过度预防，会造成许多不必要的损失，还会造成类似“狼来了”的负面影响。学校安全工作，也有这样的问题。学校安全工作重要，但也不是要搞得人人自危。毕竟社会总体是平安的，总体是和谐的。强化防患要有一个度，过度预防更要慎用，要在“有效防患”上下功夫，比如让学生参加“安全隐患我发现”活动，就是一项很好的有效预防活动。

（七）从专人安全走向人人安全

所谓专人安全，这里指的是学校保卫处和学校保安人员管理学校安全工作。这是必要的，也是学校安全管理不可或缺的重要人员，他们是学校安全管理的“特种部队”。但学校安全工作不能仅仅靠“特种部队”维持，必须走向“人人安全”的格局。校领导、中层干部要抓安全，自不必说。年段长、班主任是与学生“零距离”，更是学生成长的呵护者，更应细查学生安全隐患苗头，不抓安全行吗？科任教师、学校职员、临聘人员也要有安全意识，时时提醒学生注意安全，处处细查安全隐患，发现问题，及时解决，及时报告。还有学生家庭成员也要行动起来，让家庭增强安全防患意识，也是有效安全防患的重要措施之一。

（八）从被动防御走向主动防患

被动防御，在很大程度上是“要我安全”。一所学校，若对安全工作处于“要我安全”的状态中，安全工作对这所学校来说，就是一种上级布置的任务、一种带有被强制性的工作，甚至感到是一种无奈。主动防患，就是“我要安全”。一所学校，若对安全工作有一种“我要安全”的境界，安全工作对这所学校来说，就是一种需要、一种意识、一种责任。学校具有“我要安全”理念，就是一种精神状态，就是一种学校文化。笔者在厦门一中提出的“让每个一中学生都会游泳”，就是一种主动防患意识的体现，经过培训后，体育老师高兴地对笔者说：“现在把一中的学生扔进大海，都不会出问题！”

（九）从学校安全走向社会安全

我们常说，学校安全工作需要综合治理、齐抓共管。实际上，就是要让社会各界共同营造青少年健康成长的安全环境。尤其是公安部门、司法部门、共青团、妇联、交通管理部门、工商部门、文化部门、卫生部门、建设部门、质检部门、新闻出版部门，等等，严格执行《中小学幼儿园安全管理办法》中的规定，各自做好安全防患工作，确保师生平安。学校还可以尝试与校园周边商家、单位和居民，建立“安全防患共同体”，请相关部门参与，共同制订“安全防患公约”。一方面，学校积极与有关部门沟通，帮助他们解决有关困难，简化有关经营手续；另一方面，校园周边商家、单位和群众，都要共同维护学校安全，发现情况，及时化解，及时通报。学校和有关部门，每年还可以表彰一批先进成员，授牌或给予奖励。

（十）从安全管理走向安全文化

学校安全管理是通过管理手段实现控制安全事故、消除安全隐患、减少人员财产损失为目的，使学校达到较高的安全水平，使师生在安全的环境中学习、生活的管理活动。学校安全管理的主体是对人的管理，要树立以人为本的管理理念，首先要靠文化，文化是学校的灵魂，文化是管理的最高境界。学校安全文化是将学校安全管理理念表现在学校人的态度及行动中，落实在学校的管理制度中，融入到学校整个管理的实践中，由此构成一个良好的校园安全气氛。通过安全文化的建设，影响学校人员的安全自觉性，以文化的力量保障学校安全。请记住：“你可以没有其他文化，但你不能没有安全文化，因为它是人类生存本能需要的文化。”

第四章 安全与个性心理

【案例】

1. 1999 年 10 月 28 日 14 时 15 分，睡午觉睡过了头的山西大学研究生韩某匆匆赶往教室。校园里行人稀少。路上，一个二十三四岁、模样文静的陌生人对她说：“嗨!你的学费为什么还没有交?我是学生科的老师，走，跟我到学生科去一趟。”她答：“什么？我的学费早交了!”对方坚持：“交了？不可能!学生科的电脑里没有，不信你跟我到科里去看看。”随后，韩某就跟着“老师”走出校门，坐上电车，来到一公里之外的另一所大学。中途“老师”还询问她的家庭情况及与学费有关的几个问题，并“此地无银三百两”地告诉她“电脑在财大”。等跟着“老师”来到伸手不见五指的山西财经大学主楼地下室时，她才意识到有问题，但已经晚了，“老师”狠狠地掐住了她的脖子……不到一分钟，韩某就失去了反抗能力。

2. 2003 年 11 月 14 日，18 岁的于某和张某见同班一位叫张伟的同学为人老实，并且家中很有钱，便决定对张伟进行敲诈。两人找到朋友焦某密谋后，3 人一起来到张伟家。焦某以自己的叔叔是黑社会相威胁，让张伟拿出 3 万元钱，不然的话就告诉其叔叔，让其叔叔今天晚上就来绑架、杀害张伟的家人。张伟被迫从父亲的一个皮包里翻出现金 2 万元交给他们三人，于某等三人又强迫张伟写了一张一万元欠款的字据。

当天晚上，张伟的父母回来后，张伟立即告诉了父母。张伟的父亲发现家里丢了钱，立即带着儿子到派出所报案。民警经过 10

个小时的蹲守后终于将于某、张某和焦某抓获归案。被 3 人敲诈的 2 万元现金如数追回。

3. 一天放学后，某小学两名学生小乔和小王在学校操场一起玩耍。小王把小乔当做靶子，取出自制的小弓箭放上小木棍玩射击游戏，玩得特别开心。可是，就在小王对小乔射第三箭时，悲剧发生了。尖尖的小木棍飞快地往前飞去，一下击中了小乔的右眼，小乔捂着眼睛疼得在地上打滚，鲜血不停地从眼睛里流出来，小王吓得目瞪口呆，赶紧去学校找老师。老师们赶来后，立刻把小乔送到了医院，医生竭尽全力进行抢救治疗。因为伤势严重，虽然花费医疗费 6 万余元，小乔的那只眼睛始终没有治好，几乎看不见任何东西，造成了终生残疾。

✦ ✦ ✦ ✦ ✦ ✦

安全是人的基本需要之一，安全感的充分满足，是个体进行其他一切社会活动的前提。意外事故发生的原因，可分为人和物两个方面的因素。人的因素有疲劳、情绪波动、不注意、判断错误、人事关系等。物的因素如设备发生故障、仪器失灵以及工作条件不良等。物的因素之所以导致事故，又与人的管理不善、维护不良等有关。因此，在人和物这两个因素中，人的因素是主要的、大量的。

第一节 安全行为

人类为了谋求自身的生存与发展，在进化的过程中形成了类似于其他动物的自我保护机制。在生产实践过程中，人们能够根据个人的需要和兴趣，充分运用已有的感知觉经验来认识劳动对象，对劳动对象产生一定的情感体验。把握劳动过程各因素之间的相互作用关系，改造不安全的因素，表现出一系列具体的安全行为。由于个体差异与环境不同的原因，人们在生产实践中的行为表现不尽一致，有符合劳动规律的合理行为，也有背离劳动规律的失当行为。前者有利于安全生产目标的实现，后者则阻碍该目标的达成。因而加强对生产实践过程中安全行为的研究，塑造合理行为，规避失当行为，对实现安全管理有重要作用。

一、行为的基本概念

心理学认为，人的行为由一定的客观刺激物引起，行为即由客观刺激物引起的某种特定反应。人的行为有先天行为与习得行为之分，前者是遗传的结果，后者则是经由反复的经验和练习而导致的行为改变。

一般来说，行为由刺激引发，其表现形式受制于人的意识。具体来说，行为不仅取决于刺激物的性质，还要受到个体知识水平、心理状态和适应能力，以及需要与动机等个性特征的影响与制约。

二、人类行为的特征

人类行为尽管存在个体差异，在同一个体身上也表现出一定的弹性，但是总的来说，人类行为具有自觉性、指向性、因果性、持久性与稳定性等特征。

（一）行为的自觉性

人的行为不是盲目的，而是具有自动、自发的特点，外力可能影响人的行为，但无法发动行为，外部权力和命令无法强制一个人产生真正的效忠行为。外因必须通过内因起作用，只有想方设法提高人们的自觉性，才能促进人们积极主动的行为发生。

（二）行为的因果性

一般来说，人的任何行为都有其特定原因。遗传素质是生理原因，外部环境是外部诱因，动机、需要等是内部原因。

（三）行为的指向性

人类行为总是指向于一定的目标，可能是直接目标或间接目标，也可能是长远目标或近期目标，也可以是总目标与子目标。

（四）行为的持久性

指向一定目标的行为，在达成预期结果之前，一般是不会终止的，但是会根据条件的改变而调整方向；即使既定目标达到了，也可能会在此基础上产生新的目标。

（五）行为的稳定性

人的行为经过反复的经验练习，并运用于新的实践活动，可能会形成相对稳定的、习惯性的行为方式；但是在某些情况下，随着环境的变化也会导致行为习惯的改变，即行为是稳定性与可塑性的统一体。行为的可塑性特征，给予我们来矫正个体的不良行为提供了可能。

三、心理与行为

人的心理是客观现实在人脑中的能动反映，是人脑的机能，而人脑是心理的器官。人脑自身不能产生心理活动，社会客观现实是人的心理活动的源泉。人的行为则是由思想、情感、动机所支配的，是内在心理活动的外在表现。心理与行为是不可分割的，研究心理离不开对于行为的观察，研究行为离不开对心理的分析，两者相互区别又有密切联系。

安全行为具有目的性、差异性、可塑性和计划性的特点，并受到安全意识水平的调节。

人有七情六欲，不同的情绪状态下，个体的思维状态和方式有所不同。根据个体气质、性格等心理特征的不同分配工作岗位，做到“人职匹配”，是安全工作的重要保障。

第二节　个性心理

心理学研究中，将心理现象分为心理过程和个性心理两大方面。心理过程，包括认识过程、情感过程、意志与行为过程，是人类共有的心理现象。而每个个体由于先天遗传的差异和后天经验的不同，往往表现出某些稳定的、不同于他人的个性心理。

个性心理包含个性倾向性与个性特征两方面的内容。前者包括需要、动机、兴趣、理想、信念、世界观，后者包括能力、气质、性格。

工作任务完成的质量好坏总是表现出个体差异，除去客观条件和机遇以外，主要决定于个人的能力、情感、意志、动机、需要和信念的个人心理因素。下面从性格、能力、态度和需要等方面做出分析。

一、性格与安全

人在社会实践活动中，通过与自然环境和社会环境的相互作用，客观事物的影响将会在个体的经验中保存和固定下来，行为个体对待事物和认识事物独有的风格，这就是性格。换句话说，性格指的是一个人在生活过程中形成的对现实稳固的态度，以及与之相适应的习惯化了的行为方式。性格是个性最为重要的方面，是一个人区别于他人的独特的、整体的特性，是人与人之间主要差异的标志。

性格是一个复杂的结构。性格一旦形成后，个体便会以一种较为定型的态度和行为方式去对待和认识周围的事物，比如表现在对待群体与社会的关系，对待工作与学习的关系，对待自己和他人的关系等。需要注意的是，在个体生活中一时性的偶然表现并不是性格特征，只有那些经常性、习惯性的表现才能被认为是个体的性格特征。

不良的性格特征常常是造成事故的隐患之一。具有吊儿郎当、马马虎虎、放荡不羁、不负责任等不良性格特征的个体，在工作中经常会表现出责任心不强，甚至擅自离开工作岗位，并常常因这种擅离职守而发生事故。大量的安全事故案例中都说明了这个问题。

人的性格与安全生产有密切联系已为大众所知。国外有研究资料表明，对公共汽车驾驶员而言，事故发生率最低的并不是技术最好的驾驶员。交通环境的紧张与复杂性，除了要求驾驶员有高超娴熟的驾驶技术外，还要求驾驶员有良好的性格，尤其是良好性格的情绪特征，如情绪的稳定性、主导心境等，后者对司机来说，比其他职业能力更为重要。

当然，良好的性格不是天生的，教育和社会实践对性格的形成具有更重要的意义。通过在生产劳动中对安全生产进行强化与激励，对事故人员进行处分和教育，通过各种途径，特别是行之有效的安全教育，培养工作人员认真负责、重视安全的性格，对安全生产来说，肯定是大有裨益的。

二、能力与安全

人在活动中表现出来的心理特征，除了性格、气质之外，还有能力。能力是使人顺利完成某项活动所必需的心理特征，直接影响到活动效率，是顺利完成某项活动的必需条件。一般来说，单一的能力并不能保证某种活动的完成，需要多种能力互相配合。例如一个安全工作人员，在一定专业知识和解决问题能力的基础上，还必须有一定的观察与分析能力、组织与协调能力，才能胜任本工作。

能力作为一种心理特征，并非与生俱来。人的能力是在先天素质基础上，主要是在后天的学习和实践活动中通过个人的努力发展起来的，并在实践活动中表出较大的个体差别。俄罗斯心理学家劳·斯曾观察某大型制鞋厂的剪裁工，其中某些看似“闹着玩儿”的员工在一个工作日可以完成别人几天的工作量；而从各方面看起来很优秀的员工，却要花费更多的精力才能完成一个工作日的任务。类似这种例子，在工业企业领域中比比皆是。

总的来说，在社会生活实践中，生产效率的高低要受制于组织内每个个体的能力水平。

三、态度与安全

态度指的是个体对于某一对象所持有的比较稳定的评价和由此而产生的行为倾向。一般来说，态度往往针对某个特定的对象，这个对象既可以是人，也可以是物。态度是后天习得的，是在个体与周围世界特别是与他人的相互作用中获得的，也会随着个体社会生活环境的变化、社会学习经验的不断重建而发生相应变化。态度一经形成，还具有一定的稳定性和持续性。在新态度形成之前，已有的态度是很难改变的，当然态度转变本身也需要一定的条件。态度是刺激与反应的中间媒介，是反应的先有倾向与准备，因而态度具有一定的内隐性；同时态度又可以通过一个人的外在表现而被觉知，因而有外显性的特征。任何一种行为都可以被划分为内部准备状态和外部完成阶段两个部分，态度是一种心理倾向，是尚未表现于外的内心历程或潜在的心理状态。最后，态度还具有价值判断的成分和感情色彩。在对某个对象产生态度的时候，可以凭借直觉，也可以通过一步一步地分析推理得出，无论采取哪种方式，都是关于该对象与自身利害关系的价值判断和情绪感知的结果。

从结构上来看，态度由感情、认知和行为三种因素构成。感情因素实质多指向对象的肯定或否定、赞同或反对、喜爱或厌恶、接受或拒绝等情感。认知因素是个体对于特定态度对象的思想、信念与知识，尤其是伴随有评价的信念的认知成分。行为因素是个体对态度对象的认知和感情而引发的接受或拒绝、接近或回避等行为反应成分，反映的是个体对态度对象的反应倾向，而不是已经表现出来的行为。

态度的功能。首先，态度具有调整的功能。个体能够依据不同的现实情况调整自己，以更好地适应环境的变化。其次，态度具有自我保护的功能。态度作为一种自卫机制，能够让人在自尊或个人形象受到贬损的时候来保护自己。有研究发现，过分自傲的人在其内心深处往往是很自卑的，他们往往用自傲的态度来保护自己虚弱的内心世界。再次，态度具有价值表现的功能。特有的态度常常表现出一个人的主要价值观和自我概念。最后，态度还具有认识或理解的功能。人为了适应周围世界，必须达到对周围世界的理解和控制，使自己在行动时能够有一个明确的方向。而对于周围环境的一切客体，都是通过态度来赋予他们对于我们的意义的，并进一步影响到我们做出何种行为来应对。

四、需要与安全

需要是指个体由于缺乏某种生理或心理的因素，产生的与周围环境的某种不平衡状态，也就是个体对某种目标的渴求和欲望。

（一）马斯洛需要层次理论

美国人本主义心理学家马斯洛提出了需要层次理论。他认为人类有五种基本需要，即生理、安全、归属、自尊和自我实现的需要(见下图)。

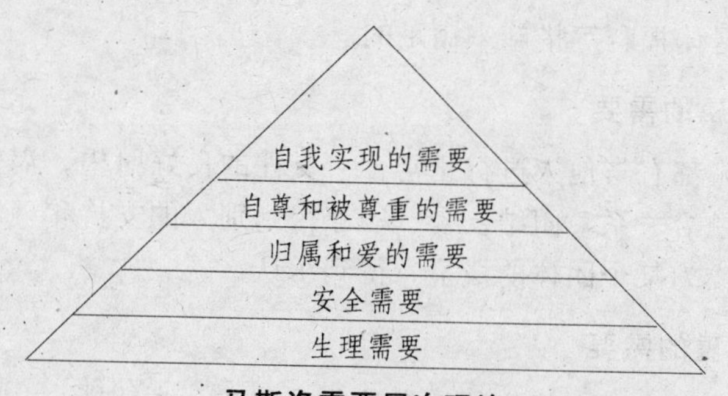

马斯洛需要层次理论

马斯洛认为，人的需要有层次的差异。底部的四种需要（生理需要、安全需要、归属和爱的需要、尊重的需要）可称为缺乏型需要，只有满足了这些需要个体才能感到基本上舒适。顶部的需要（自我实现需要）可称之为成长型需要，因为它们主要是为了个体的成长与发展。

1. 生理需要

生理需要不能得到满足，人类个人的生理机能就无法正常运转，人类的生命就会因此受到威胁。在这个意义上说，生理需要是推动人们行动最首要的动力。马斯洛认为，只有这些最基本的需要满足到维持生存所必需的程度后，其他的需要才能成为新的激励因素，而到了此时，这些已相对满足的需要也就不再成为激励因素了。

2. 安全需要

马斯洛认为，整个有机体是一个追求安全的机制，人的感受器官、效应器官、智能和其他能量主要是寻求安全的工具，甚至可以把科学和人生观都看成是满足安全需要的一部分。每个人都希望安全，不仅要求有一个安定、良好的社会环境，使人的身心不受侵犯，而且要求有一个安全、稳定的工作环境，希望避免疾病、工伤、失业和其他各种危害，这些是要通过企业采用安全的设备、医疗保险和退休福利等措施来满足的。

3. 归属的需要

每个人都有与他人进行正常社会交往的良好愿望，渴望在群体中与同事融洽关系、团结友爱，能够得到别人的支持和理解，并有所归属，成为某个团体的成员，得到承认。

4. 尊重的需要

人都希望自己有稳定的社会地位，要求个人的能力和成就得到社会的承认。尊重的需要又可分为内部尊重和外部尊重。内部尊重是指一个人希望在各种不同情境中有实力、能胜任、充满信心、能独立自主。总之，内部尊重就是人的自尊。外部尊重是指一个人希望有地位、有威信，受到别人的尊重、信赖和高度评价。马斯洛认为，尊重需要得到满足，能使人对自己充满信心，对社会满腔热情，体验到自己活着的用处和价值。

5. 自我实现的需要

这是最高层次的需要，它是指实现个人理想、抱负，发挥个人的能力到最大程度，达到自我实现境界的人，接受自己也接受他人，解决问题能力增强，自觉性提高，善于独立处事，要求不受打扰地独处，完成与自己的能力相称的一切事情的需要。也就是说，人必须干称职的工作，这样才会使他们感到最大的快乐。马斯洛提出，为满足自我实现需要所采取的途径是因人而异的。自我实现的需要是在努力实现自己的潜力，使自己越来越成为自己所期望的人物。

马斯洛的需求层次理论，在一定程度上反映了人类行为和心理活动的共同规律。马斯洛从人的需要出发探索人的激励和研究人的行为，抓住了问题的关键；马斯洛指出了人的需要是由低级向高级不断发展的，这一趋势基本上符合需要发展的规律。因此，需要层次理论对企业管理者如何有效地调动人的积极性有启发作用。

在马斯洛看来，人类价值体系存在两类不同的需要，一类是沿生物谱系上升方向逐渐变弱的本能或冲动，称为低级需要和生理需要。一类是随生物进化而逐渐显现的潜能或需要，称为高级需要。

人都潜藏着这五种不同层次的需要，但在不同的时期表现出来的各种需要的迫切程度是不同的。人的最迫切的需要才是激励人行动的主要原因和动力。人的需要是从外部得来的满足逐渐向内在得到的满足转化。

低层次的需要基本得到满足以后，它的激励作用就会降低，其优势地位将不再保持下去，高层次的需要会取代它成为推动行为的主要原因。有的需要一经满足，便不能成为激发人们行为的起因，于是被其他需要取而代之。

高层次的需要比低层次的需要具有更大的价值。热情是由高层次的需要激发。人的最高需要即自我实现就是以最有效和最完整的方式表现他自己的潜力，惟此才能使人得到高峰体验。

人的五种基本需要在一般人身上往往是无意识的。对于个体来说，无意识的动机比有意识的动机更重要。对于有丰富经验的人，通过适当的技巧，可以把无意识的需要转变为有意识的需要。

（二）需要层次理论在安全工作中的应用

1. 需要分析为安全管理提供科学依据

由于各组织单位的特殊情况，其内部成员在需要层次上表现出自有特征。只有掌握不同类型成员的需要层次结构，才能为管理提供科学的依据。

2. 根据需要变化调整管理手段

组织根据成员需要的层次结构，采取不同的激励措施，以求提高安全生产管理水平，从而达到最大限度地调动员工积极性的目的。一般来说，可以通过保障基本条件、福利设施、休假制度等以满足成员的生理需要；从改善周边环境、建立劳动保险制度等方式满足成员安全的需要；建立和谐的人际关系，开展各种社交活动等以满足归属的需要；建立成员参与管理、职务晋升等制度建设，以满足其尊重的需要；根据需要委以工作重任，参与挑战性的工作，对于表现突出者给予奖励等满足其自我实现的需要。

3. 为员工构建完善的支持系统

通过构建和谐的人际关系，包括开展心理保健活动，对于预防组织内成员受挫后的心理失调有重要价值，也已被国内外管理工作研究所证实。

第三节　个性心理中的不安全倾向

一、不良性格

已有研究表明，事故的发生率和员工的性格有非常密切的关系，即使拥有最好的专业技术，某些不良性格会导致事故的发生。

1. 攻击性性格

该类性格的个体，妄自尊大、骄傲自满，在工作中喜欢冒险，喜欢挑衅，喜欢与同事闹无原则的纠纷，争强好胜，不接纳别人的意见。

2. 性情孤僻

性情孤僻、固执、心胸狭窄、对人冷漠者，多属于内倾人，同事关系处理不好，容易走极端。

3. 性情不稳定者

这类个体易受情绪感染支配，易于冲动，情绪起伏波动大，应激后情绪长时间难以恢复平静，在工作中易受情绪影响而忽视安全工作。

4. 主导心境异常

由于长期心境闷闷不乐，精神不振，导致大脑皮层不能建立适当的兴奋度，做什么事情都引不起兴趣，因而也容易出事故。

其他诸如马虎、懦弱等不良性格，在特定的环境下，也会导致安全事故问题。

上述不良的性格特征，对成员的操作动作会产生消极的影响，对安全生产极大的不利，由于工种的不同及作业条件的差异，具有这些不良性格特征的人，发生事故的可能性有较大差异。从安全管理角度出发，应把上述性格特征的成员，尽可能安排在发生事故可能性较小的工作岗位上去，同时在招收新员工的时候需要注意性格方面的鉴别。

二、情绪失控

产生事故的心理因素之一是心理机能失调，包括人的动机、情绪、个体心理特征等因素失调，人的感知能力、判断力、注意力、操作能力都将产生下降趋势或某一方面能力亢进，另一方面能力明显下降。其中，情绪是变化最大、影响最深的因素。国外关于安全研究有专门领域——情绪工程学，可见其意义之重大。

情绪是个体对客观事物所持态度的体验，是人的高级神经活动的表现。通过外表等可以觉察到特定对象的情绪，如人在吃惊和恐惧时会有心跳加快、面部潮红等变化，在愤怒时会表现出呼吸急促、手指颤抖，突然的悲痛可能导致呼吸暂停的痉挛现象。

人是社会动物，周围发生的一切都会使人情绪波动，如对灾害的忧虑，对生离死别的悲哀，对喜事的激动。从对事故文献的分析来看，重大节假日期间，重大伤亡事故的发生率较高。可能是节假日期间，过于情绪高涨导致违规作业所导致的。

三、不良心理

1. 侥幸心理

个体对某种事物的需要和期望总是受到群体效果的影响，在安全事故方面尤为如此。事故之所以是小概率事件，是因为人们对危险因素的充分警惕和控制。也有一些个体在违规操作后并没有发生事故，因而产生侥幸心理，下一次可能不是那么幸运，结果意外发生了。

2. 省能心理

人总是希望以最小的能量付出获得最大的收益。在此心理的指引下，个体可能会在工作中简化作业程序，因而导致不可挽回的损失。

3. 逆反心理

在某些条件下，个体在好胜心、好奇心、求知欲、偏见、对抗情绪等心理状态下，产生与常态心理相反的倾向，做出不该做的事情，最后导致意外。

4. 凑兴心理

凑兴心理多见于精力旺盛、能量有余而又缺乏经验的青年人身上，是人在社会群体中产生的一种人际关系的心理反应。纵观近年来的恶性交通事故，相当大的比例都在于这种心理支配下的飙车等行为所致。

5. 冒险蛮干心理

基于经验中的冒险没有出事的先例，很多人会形成藐视危险、喜欢冒险的心理定势，甚至对蛮干产生了自我肯定和自豪的心情。有了这种心理的人，在关键时刻往往会感情冲动，不假思索地采取冒险行动。

第五章　安全与群体心理

【案例】

1. 夏日，某河渠采砂后形成的水凼子边上，一群农村小学生，一个接一个从水塘边上较高的边沿上向下跳去，发出热闹的嬉戏声。这时，他们发现有个同学一直没有跳，于是大家一起起哄，用“胆小鬼”等词汇讥讽这个同学，最后，该同学涨红着脸奋力一纵，可惜却再没有上来。其他同学吓得一个个跑回家中，在其中一个家长的追问下，才知道发生的事情，等到大人们赶到出事地点的时候，看到的是漂浮在水面上的尸体。

2. 某夜，饭桌前。杯觥交错，进餐者醉意朦胧。等到席散，张某去开车，有人规劝酒后最好不要开车，张某坚持当晚没有交警查岗，自己开车没有问题。车子就这样上路了。到了前方一个十字路口，看到交警在查车，张某一时失误，误将油门当刹车踩，车子冲向了人行道，造成 2 人重伤。

3. 雷某，15 岁，是河南洛阳某初级中学一年级的学生，对于她的死亡，大多数的媒体都是这样的描述：“因为和同年级其他班另一个女同学打架，班主任周老师在 4 月 7 日组织全体同学投票，一道选择题，是留下来给雷某一次改正错误的机会，还是让家长将其带走，家庭教育一周？结果是，26 个同学选择让她离开，12 个同学选择再给她一次机会。之后这个 15 岁的女孩再也没有回到学校，三天后人们发现了她的尸体。”

✦ ✦ ✦ ✦ ✦ ✦

如前一章节所述，人的心理因素是造成事故的主要原因。人的心理不仅表现出个性的一面，同时在特定的时代与社会中，人们的心理又具有相似性，个体心理受到组织、社会文化的影响，而表现出一定的群体心理。

第一节 群体与安全

人的行为不仅由个体因素所支配，还要受群体因素的制约。所谓“物以类聚，人以群分”，群体对个人、组织和社会都有极其重要的影响。群体规范、群体目标、群体压力和从众行为等因素，在某种程度上甚至决定了包括安全行为在内的人的各种行为。

一、群 体

群体是由两个人以上为实现特定目标而结合在一起的人群实体。群体建立在其成员的相互依存和相互作用的基础之上，有其特定的群体目标。在某种程度上来说，群体是有组织、有规范的。

从群体是否实际存在的角度，可以将群体分为假设群体和实际群体；根据群体规模的大小，可以相对地把群体分为大型群体和小型群体；根据构成群体的原则和方式不同，可以分为正式群体和非正式群体。

二、群体与安全

群体通过一定的规范、角色分配、沟通与管理，可以提高个人与整个群体的安全与可靠性，其核心是群体凝聚力。研究证实，人是社会性很强的动物，个体都希望得到群体、社会的保护和帮助。一般而言，群体的安全受制于群体凝聚力，群体安全的水平高低影响着对其成员的吸引力。正如人本主义心理学家马斯洛所言，“安全的需要是人的最基本需要之一”。

（一）群体规范与安全

群体规范是群体所确立的行为标准，规定了可以接受和不可接受的成员行为，群体中的每个成员都必须遵守这些标准。群体的规范可能以正式条文为表现形式，也可能是成员间的口头约定。群体规范与安全联系最紧密的是各种安全规程。

群体规范的形成受模仿、暗示、顺从等心理因素的制约。群体存在的重要条件是它的意志性，表现为群体成员的行为、情绪和态度的统一。在群体成员彼此相互作用的条件下，会产生彼此接近、趋同的过程，这是由于受到相互模仿，受到暗示，表现出顺从所造成的。

（二）群体凝聚力与安全

群体的凝聚力（又称内聚力），指的是群体成员与整个群体的吸引程度，也包括了群体成员之间的吸引。高凝聚力群体中，成员对群体忠诚，对群体的工作有责任感，能对外来攻击进行防御和反抗，与群体成员志趣相投并有友谊关系。高凝聚力的群体中，成员意见相对一致，相互关系融洽友好，对群体感到自豪，具有强烈的责任感，能较好地完成群体的工作任务。

群体凝聚力是用来协助正式组织、提高生产率的有力工具。社会心理学家沙赫特的研究表明，生产率不仅受群体凝聚力的影响，而且受群体成员相互之间的诱导性质的影响。他对制作棋盘的 4 个生产群体进行试验，另有一个对照组，实验组中有两个凝聚力强，两个凝聚力弱。在前 16 分钟中没有进行任何性质的诱导，被试者收到群体中的其他成员一些中性的字条，字条中不涉及提高生产量或限制生产量的问题，生产率表现为 5 个群体相当。在后 16 分钟，除对照组不进行诱导外，对其中一个凝聚力强和弱的群体采用正诱导，由群体其他成员写给被试者要求提高生产量的字条；对另外两个组进行负诱导，由群体中其他成员写给被试者要求限制生产量的字条。结果表明，对照组由于没有受到诱导影响，生产率继续平稳发展；受正诱导的两个群体，生产率都较对照组提高，凝聚力强的群体表现更为突出；受负诱导的两个群体，生产率较对照组都有下降，凝聚力强的群体下降幅度更高。

（三）群体沟通与安全

人与人之间，群体与组织内外之间，都需要传达思想、观点、情感，以及交换情报和信息。这种群体心理过程被称为意见沟通，沟通是群体心理研究的内容之一。

1. 沟通的分类

（1）正式沟通与非正式沟通。正式沟通是通过组织明文规定的渠道进行信息的传递和交流，非正式沟通是在正式沟通渠道以外进行的信息传递和交流。

（2）上行沟通、下行沟通与平行沟通。上行沟通是指下级的意见向上级反应；下级沟通指的是上层领导把规定、要求等信息下达给普通成员的过程；平行沟通是组织内平行单元之间的信息交流。

（3）单向沟通与双向沟通。从信息发送者和接收者的地位是否变换的角度来看，可以分为单向沟通和双向沟通。

（4）口头沟通与书面沟通。口头沟通一般通过会谈、讨论、会议、演说及电话联系，书面沟通的常见形式有布告、通知、书面报告和通信等。

2. 组织中沟通对安全管理的影响

首先，有利于树立安全生产观念。组织内的有效沟通，是形成安全生产群体规范的重要手段和保障。作为组织群体的行为规范，要成为每个群体成员的行为准则，也必须加强沟通联系，把群体的行为规范进行传播。安全生产的观念，也只有通过沟通才能使之深入人心。

其次，有利于安全管理信息的传播和联系。通过组织内沟通，各种安全管理的信息可以通过各种信息渠道进行传播，上情下达，使安全管理能顺利开展。

最后，有利于安全管理工作的开展。表现为，一方面把安全生产的经验进行交流总结，吸取教训；另一方面可以避免冲突，加强安全管理的有效性。

3. 组织内的有效沟通

组织内的主体，是决定组织核心竞争力的最根本的要素。组织内群体成员之间物质上的相互帮助、支持与感情上的交流、沟通是提升组织竞争力的重要保障，是联系组织共同目的和组织中有协作的个人之间的桥梁。沟通有效，则双方会得到准确有用的信息；反之，则可能花费了大量的时间而得到的只是一些模糊甚至错误的信息。

在安全工作中，为了有效地进行组织管理，必须善于充分利用各种正式和非正式的群体进行有效的沟通。在制订计划、方案前，要利用各种群体、依靠企业各部门参与讨论，各类信息都要反复地进行传递和反馈。

达成有效沟通需要两个必要条件，信息发送者清晰地表达信息的内涵，以使信息接收者能够准确理解；信息发送者重视信息接收者的反应并根据其反应及时调整信息的传递，免除不必要的误解。

常见的导致沟通障碍的有如下因素：

（1）以自我为中心，认知模式刚性化。表现在既不能正视自我亦不愿正视他人，更谈不上设身处地为他人考虑问题。信息发送者只专注于信息的传递，忽视信息接收方的表现。

（2）静态沟通。沟通是单向的，从一个方向流向另一个方向却得不到及时的反馈，导致信息不可能以准确和高效的形式在组织中传递。

沟通渠道相对闭塞。渠道不畅或单一，会造成信息的流失或失真，而自由开放的多种沟通渠道是有效沟通得以进行的保障。

沟通缺乏真诚。缺乏诚意的交流难免带有偏见和误解，从而导致所交流的信息被扭曲。

第二节　群体中的特殊个体行为

一、心理、情绪与安全

（一）心理因素在事故致因中的作用

来自人因工程学的研究发现，所有引发安全问题甚至是安全事故的因素中，人的心理因素往往是主要原因。在工业企业内所发生的大量事故中，70%～80%是由于人的操作行为发生错误或违章操作引起的。

心理学认为，人的行为受其心理状态支配。人们能够根据已有的知识经验、兴趣、爱好等，将感觉器官接收到的各种内外部刺激进行认知，赋予它们一定的心理意义，调整自己的行为，对环境进行适应。该过程中，行为人自身心理状态的性质至关重要，积极的心理状态，对保证安全生产是必不可少的，消极的心理状态，是引起认知差错而导致事故发生的重要原因。

（二）事故发生前的主要心理状态

1. 侥幸心理

主要表现为碰运气，对于某些安全隐患视而不见；认为动机是好的，不必遭受责备；自信心很强，相信自己有能力阻止事故的发生；别人不一定发现。抱有侥幸心理的人，不是防止万一，而是马虎了事，从而导致事故的发生，这是事故较为普遍的原因。

2. 冒险行为

主要表现为，好胜心强，喜欢逞能；私下爱与别人打赌；有过违章行为而未造成事故的经历；为争取时间，不按规程作业；企图挽回某种影响。冒险行为只顾眼前一时得失，而不顾客观效果，盲目行动，拥有这种性格的年轻人时常发生安全问题。

3. 思想麻痹

主要表现为，对于常做的工作丧失应有的安全意识；工作不够认真，不能注意到反常现象；责任心不强，得过且过。在此心理状态的支配下，沿用习惯的方式进行操作，凭老经验行事，放松思想警惕，以致酿成灾祸。

4. 心理挫折状态

心理挫折是指个体从事有目的的活动遇到障碍或干扰时所产生的一种心理紧张状态或情绪反应。心理挫折及其发生的原因是发生事故的重要方面，而事故的发生，也会造成心理挫折。个体受挫折后，可能会产生对他人或物进行攻击、将负性情绪极度压抑、失去自我控制而表现出退行、继续坚持自己原有行为或态度、用让步的办法避免冲突，以及心理平衡或矛盾得以解决等心理和行为反应。

（三）情绪与安全

情绪是主体对于需要得到多大程度的满足进行评价而产生的主观体验与生理唤醒。跨文化的研究发现，人类有喜、怒、哀、惧四种最基本的情绪。人的一切心理活动都有情绪的色彩，心理活动又影响人的行为。一般来说，人总是处于某种情绪状态之下，根据其特点，可以分为心境、激情和应激三种形态。

(1) 心境。心境是一种较为持久而又微弱的情绪弥散状态，它在一段时间内影响人的全部行为和生活。

(2) 激情。激情是一种强烈激动而又短暂的情绪状态。处于激情状态的人，理智分析能力受到抑制，即意识狭窄，往往不能控制自己的行动，所以带着激情进行操作是最危险的。

(3) 应激。应激是由于出乎意料的紧张情况所引起的情绪状态。在应激状态下，人究竟怎么行动，主要取决于个人的个性特征、生活经历和所受过的锻炼及经验等。

二、从众行为与安全

美国心理学家和行为学家马扎菲尔·谢里夫在《团体形成》论文中，描述了这样的实验：几个被试者轮流单独地坐在一间暗室中，面前相隔一段距离出现一个光点，几分钟以后熄灭，然后让被试者判断光点向什么方向移动及移动多远。虽然光点事实上并未移动，但是每个被试者都觉得移动了，尽管对于移动方向的回答不尽一致。第二阶段让参与者在一起进行讨论，他们对光点移动的方向得出了一致的结论。然后让他们再次轮流到暗室进行观看，事实上光点依旧保持静止不动，而参与者们则维持原来集体讨论所得出的结果。

由上例可以看出，群体规范约束着其成员的行为，尽管该成员并不能时刻意识到这一点。行为科学认为，群体规范的形成过程，受到模仿、暗示、从众等多种心理因素的制约。群体存在的重要条件之一，即群体成员行为、情绪和态度的一致性，他们在相互影响的过程中产生内化作用，彼此接近和趋同，进而形成群体规范。

知觉对感觉输入信息的释义过程，受制于个体已有的知识经验，知识经验影响着个体知觉的选择性、整体性、恒常性和理解性等特性，如表现为易使人知觉熟悉的对象，忽略不熟悉的事物。J.W.Bagby 的实验证实了上述说法：让不同的被试者（美国人和西班牙人），同时用左右眼分别看两张画，左眼看棒球赛，右眼看斗牛，结果发现，美国人多看见棒球赛，西班牙人则多看见斗牛。也有人比较了幼儿、少年、成人在知觉恒常性方面的差异，发现由于知识经验的不同，幼儿的恒常性小，成人的恒常性大。

从众行为也是群体中常见的个体行为。当个体与群体中多数人的意见有分歧时，会感受到压力，甚至在该压力感知下做出违背自己意愿的行为。美国心理学家 S.Asch 做了这样一个实验，要求被试者做直线长短相等的判断，在正常情况下，错误率小于 1%。在被试者前面安排了 8 个人故意做出错误判断后，这个真正的被试者有 37% 放弃了自己正确的判断而顺从群体的错误判断。究其原因，从环境因素来说，如果该群体是被试者的参照群体，群体的意见一贯比较一致，群体比较团结，则这个被试者就比较容易在群体压力之下产生顺从行为；从个性因素来看，当一个人的智力较差，情绪易于波动，自信心不足，依赖性较强时，则易于产生顺从现象。

美国心理学家和行为学家 J.L.Harold 在《管理心理学》(1972) 中阐述了群体对不顺从的成员施加压力的过程，大致可以分为四个阶段：合理辩论阶段；劝诱阶段，大多数人对持异议者从听取意见的态度转为规劝诱导的态度，持异议者感到压力越来越大，有些人就在此阶段放弃己见；攻击阶段，持异议者感到压力极大，但由于面子关系，反而不易在此阶段屈服；断绝往来阶段，使持异议者完全孤立。一般人除非准备脱离原有群体，大都在第二阶段顺从大多数人的意见。

三、紧张、暗示、投射、定势与安全

（一）紧　张

面对工作和生活中的种种压力事件，人们通常会产生情绪和躯体的异常反应，甚至出现身心疾病，在工作中过大的压力也是安全事故的常见诱因。精神与情绪上的压力与紧张即应激，险灾等突发事件与高水平的应激相关，而生活中排长队、与人争执、任务量太大、期限太紧等，会使人产生低水平的应激。

应激，即平时人们常说的紧张状态。加拿大学者 H.Selye 提出了系统的应急学说，把紧张看做某种实体或压力在人类或躯体有机体内产生的结果，指出应激是人和动物对环境刺激的一种反应，能引起紧张状态的刺激都伴有一系列非特异性的生物学变化——适应性综合征，生理上的紧张反应并不依赖紧张源性质。

应激包括警戒、抵抗和衰竭 3 个阶段。警戒反应或动员阶段，面对体内外环境的变化，生物有机体会通过躯体反应等来进行适应性防御。在抵抗阶段，个体肾上腺素分泌增加，心率和呼吸加快、血压升高、血糖含量增加。进入衰竭阶段，紧张刺激所导致的威胁继续存在或躯体仍然像存在着威胁那样进行反应，这种持续的应激状态，到时机体的适应能力耗竭，最后导致自身防御机制损害。

紧张状态的交互作用理论认为，紧张状态是通过人与环境之间存在的特定关系而发生的，心理活动在其中起关键作用，而个体在紧张情境中的反馈作用有重要影响。心理在外部世界中和自身思想感情过程中体验到紧张源时才有警戒反应发生。心理把刺激识别为三种水平，即发生于潜意识中的紧张源、发生在无意识中容易受意识支配的紧张源，以及显而易见、意识清晰的紧张源。每种水平都显示出人的外部和内部的要求与需要相关，人们对这些要求的认知及满足这些要求的能力的认知是形成紧张状态的根源所在，两者之间的不平衡，导致紧张状态的产生。

通常来说，一定程度的紧张可以使人保持警戒心，有利于安全管理；过了头，则易使成员的心理或生理机能崩溃，从而形成安全事故的隐患。

（二）暗　示

暗示是在无对抗态度和情绪的情况下，用含蓄间接的方式对人的心理施加影响，使人按照一定的方式知觉和行动。依照暗示的方式可以分为语言暗示、手势暗示、行为暗示等，按照暗示的来源可以分为他人暗示和自我暗示。

请某人对 27 名儿童做了 5 分钟的演讲，实验者提问儿童，“演讲人哪只手拿着帽子？”结果 24 人回答左（右）手拿着帽子，实际上演讲者并未拿帽子。本例即语言暗示在起作用。

（三）投　射

个体在生活实践中会形成某些应对或适应挫折情境的方式，即防卫方式。心理活动也同样具有恢复与保持情绪的平衡并保持心情安宁与稳定的技能，称为心理防御机能。防卫兼具积极与消极的双重作用性质，一方面能暂时解除内心的不安与痛苦，可能导出问题解决的方法；另一方面防卫对现实存在的问题并没有真正解决，往往带有一种“自我欺骗”的性质，只能起到使人逃避现实的消极作用，有时还会使实际问题复杂化，增加挫折和心理冲突的程度。

投射作用是心理防卫的基本方式之一，其特点是个体把自己不喜欢或不能接受的原来属于自己的观念、欲望、态度或性格特征转移到别人身上，在无意识中减轻自己的内疚，并维护自己的尊严和安全感。人们常说的“以小人之心，度君子之腹”，即投射机制的例子。这种以己度人的主观主义的偏见，往往成为不安全心理的源头。

（四）心理定势

定势是受先前经验的影响而产生的心理活动的准备状态。

Leeper 于 1935 年做了如下实验，材料是三张图画，少妇、老妇、少妇与老妇的双关图；被试者分为 3 组，第一组直接看双关图，结果 65% 的视为少妇，35% 的视为老妇；第二组先看少妇图 15 秒，后看双关图，结果 100% 视为少妇；第三组先看老妇图，后看双关图，结果 95% 视为老妇。有人用眼镜与哑铃的双关图做实验，也得出了同样结果。

在社会知觉中，人们常受以前经验模式的影响，产生一种不自觉的心理活动的准备状态，并在其头脑中形成关于某类人的固定形象，这种对某一个人或某一类人的固定的刻板印象是社会知觉的定势现象，也称社会刻板印象。在社会生活和社会实践中，人们头脑中存在的定势现象是多种多样的。

定势现象对社会知觉有积极作用，也有消极影响。在生产活动中，不少事故发生的起因是工作人员过于依赖自己的经验，而不是根据生产或行为环境的变化及时进行调整，死板的按照以前工作中形成的行为定势进行操作，结果造成事故。

第三节　安全工作中的群体决策

一般认为，决策群体能综合各个成员拥有的不完整信息，形成对所有备择方案的无偏差的认识，从而做出最佳选择。

一、群体决策与个人决策

群体决策与个人决策相比较，在几方面表现出差异：

（1）决策的正确性和速度。群体决策有许多成员参加，知识面较广，能够产生较多的可供选择的方案，又具有校正错误的机制，因而群体决策比较正确。但由于群体决策的过程是群体成员一起对问题进行分析、讨论和争议，并达成一致意见，因此，比个人决策花费时间多。当决策的正确性比决策速度重要时，群体决策较为优越。

（2）决策的创造性。个人决策通常比群体决策具有较大的创造性，个人能产生较多较好的主意，而群体决策由于受到相互不同意见和论点的约束，以及害怕被人认为愚蠢等心理制约，不容易使决策具有较大的创造性。个人决策适于工作结构不明确，需要创新的工作，而群体决策过程适合于任务结构明确，有一定执行程序的工作。

（3）决策的风险性。许多人认为，群体决策可以抑制冒进的行为，在选择较多或较少风险性的两种行动时，将趋向于保守。然而，许多组织行为学家的研究却提出了相反的结论，认为群体决策具有更大的风险性。因为个人在群体中容易隐蔽自己的意见而附和众议，而且，群体决策由群体承担责任，其成员容易产生不负责任的倾向。也有一些研究表明，在群体决策过程中会发生保守或冒险两个极端的倾向，即群体决策的极化现象。这主要取决于占优势的群体气氛。如果群体成员大多数都比较保守，群体决策也将比个人决策更保守。如果群体成员大多数都冒险，则群体会做出更有风险的决策。

运用积极的群体决策可以提高工作效益。群体决策能够使群体成员充分参与群体活动，对共同的计划和目标形成较高的责任感和义务感。群体决策可以增强积极的价值观念，提高成员的自尊心和自信心。在认知方面，群体成员参与决策，加强了各种信息的纵向和横向交流。在工作动机方面，群体决策增加了成员的相互了解和信任，更愿意承担所决定的任务和所需要的变革。

二、群体决策的过程与风险

（一）群体决策过程

阶段 1：确认群体在这个阶段所面临的问题的性质和问题产生的原因，给出满意的解决这些问题的标准。

阶段 2：找出可供选择的解决方法。

阶段 3：分析可选择的方法，通过群体讨论，比较并权衡各种办法的利弊，做出有可能获得最佳结果的决策。

（二）群体决策的风险分析

群体决策需要考虑两个因素，供选方案和参与群体决策的人。

美国社会心理学家詹尼斯对大量错误的群体决定进行分析后指出，一个群体的内聚力越强，就越容易导致群体思维的错误。因为在群体决定时，本来有不同意见者也碍于群体的压力而不再坚持己见，也会觉得集体的决策似乎是神圣的。按照少数服从多数的原则，听从大家的意见。同时群体中的成员认为决定是大家做出的，责任由大家分担，个体较少负有直接责任，所以就很容易产生从众心理。

群体讨论中的有偏差信息取样模型认为，群体在决策中往往表现出倾向于讨论两种信息：各成员讨论前都拥有的信息，支持成员在讨论前所偏好的信息。该实验通过模拟人员选拔决策形式的实验室实验，对这一模型的假设进行验证。研究结果表明，大多数群体选择了一开始受到大多数成员支持的候选人，而非实际的最佳人选；群体讨论非但未纠正，反而加强了成员对候选人原有的歪曲印象。

电影观后感讨论经历也是绝好的例子。与群体成员单独决策相比，群体倾向于做出比较极端的决策。如果你和你的朋友们分别有一些微小的理由不喜欢某个电影，所有理由汇集在一起，就有足够的证据让你觉得你实际上很不喜欢该电影。社会比较模型认为，群体成员极力将群体的观念表达得比群体真实的感受还要极端一点，以获得同伴的关注。这样一来，如果你得出每个人都不大喜欢某部电影的结论，你就会试图表达更极端的观点，以显示自己特别机敏。

三、安全工作中群体决策的风险控制

怎样防止群体思维带来的不良影响呢？

首先，群体领导人应该努力做到公正，并培养一种公开咨询和讲座的气氛，使大家能够畅所欲言，充分发表自己的意见。

其次，群体成员应该像支持群体计划一样，鼓励人们提出问题或批评意见，尤其对不同意见要予以足够的关注，把各种可能出现的情况估计到。

再次，请局外的专家们对群体成员提出挑战，对最后的决定方案进行评价或提出看法，以期给群体带来新的思路。

最后，在达成一个共识的意见之后，群体领导人应该安排一个第二次机会的会议，使得群体成员能够将萦绕在心头的困惑和保留意见表达出来。只有经过广泛征求意见，经过多次反复讨论，最后形成的方案才是真正的集体决策。

第六章　安全与管理心理

【案例】

1. 2009年11月14日6时许，山西长治黎城县某汽车运输公司驾驶人李孝波，驾驶晋D13513号大货车，行至沁源县境内222省道118公里加206米处，因疲劳驾驶导致车辆失控，冲入正在公路上出早操的沁源二中学生队伍中，造成21人死亡，其中学生20人、教师1人，18人受伤。

2. 1994年12月8日下午，新疆维吾尔族自治区教委“两基”评估验收团到克拉玛依市检查工作，克市教委组织中小学生在友谊馆为验收团举行汇报演出，部分中小学生、教师、工作人员、验收团成员及当地领导共796人到馆内参加活动。16时20分左右，由于舞台上方7号光柱灯烤燃附近纱幕，引起大幕起火，火势迅速蔓延，约一分钟后电线短路，灯光熄灭，剧厅内各种易燃材料燃烧后产生大量有毒有害气体，致使众人被烧或窒息，伤亡极为惨重。共死亡325人，其中小学生288人，干部、教师及工作人员37人，受伤住院130人。

3. 2008年9月14日，普洱市某技工学校发生一起食物中毒事件，经查明，这是一起食用凉拌皮蛋而导致的细菌性食物中毒，共有25名学生发病，中毒学生均食用过学校食堂加工销售的凉拌皮蛋，中毒学生经医院及时救治，治疗痊愈，无死亡。

✦ ✦ ✦ ✦ ✦ ✦

现代管理强调的是以人为中心的管理，安全工作也是如此。理解人是管理人的逻辑起点，在安全工作中，研究疲劳与事故、挫折与事故、安全行为的激励理论、群体安全心理等，是管理心理学在安全工作中的应用。

第一节 安全管理心理概述

一、管理心理学与安全管理

管理心理学是研究组织管理过程中人的心理活动规律的科学。

管理心理学研究的重点内容是组织管理中具体的社会、心理现象，即个体、群众、领导、组织中的具体心理活动的规律，揭示人们思考与行动背后的深层次的原因，探索激励人的心理和行为的各种途径和技巧，提高对人的行为的预测、引导和控制。管理心理学要研究诸如领导的决策问题，领导成员必备的能力、知识结构及合理的性格结构问题，以及怎样使上下级之间、个人与个人之间思想沟通、配合默契、团结协作、人尽其才、各尽其职，提高劳动生产效率等组织和管理过程中与心理活动及其规律有关的问题。

管理心理学重视组织中个体心理、群体心理、领导心理、组织心理与管理实践的关系。其目的在于调动人的积极性，协调与建立组织良好的人际关系，在实施管理的过程中注意不断满足人的心理需要，进而发挥组织成员的主动性、创造性，提高工作效率，优化组织效能。

（一）重视个体心理与管理的关系，更好地开发职工的潜能，调动职工工作的积极性

在安全工作中，每个参与主体都带着不同的背景、经历和个性，在价值观、人格特征、工作能力、工作动机以及对事物的认知方式上都存在很大的差异，这种个人化的特点往往决定了他们以不同的方式工作，以不同的方式交往，工作努力的程度不同，所表现出来的创造性和工作绩效也不同。

心理学研究认为，人类与生俱来就有巨大的、可实现的潜能。美国心理学家威廉·詹姆斯经过多年的实证研究写出了《行为管理学》一书，其结论是，按时计酬的员工仅能发挥其能力的 20%～30%，而受到充分激励的员工其能力可发挥至 80%～90%。可见，

调动人的积极性是极为重要的管理课题之一。在现代组织管理中，应用心理学研究成果，有效地发现和开发员工的潜能，提升员工的创造力，已经成为一种趋势。

（二）重视群体心理与管理的关系，有效改变组织成员的态度与行为

在群体中，个体决策与行动时，会考虑群体对他的期望、群体的行为标准、群体成员之间有多大的吸引力，以及他在群体结构中所处的位置和所扮演的角色等因素。当一个人了解到上级或群体、组织喜欢或鼓励什么行为，他就有可能更多地表现出这些行为。当我们了解到群体中人与人之间结构化、非结构化的关系，认识到这些关系如何塑造、限制和促进某些行为的发生时，我们就可能更深入地解释和预测个体和群体的心理与行为。组织管理者通过学习一些管理心理学知识，运用群体动力学原理对组织成员的行为进行客观分析，用团队建设理论提升整个安全工作团队的凝聚力与效能。

（三）重视领导心理与管理的关系，提升领导艺术和技巧，实现以心理为载体的领导

在领导心理学中，领导被定义为一种行为，是领导者和被领导者之间的一种人际关系，是领导者与被领导者之间发生交互作用的过程，该过程同时也受到客观环境的影响。领导者运用自己的领导力影响组织目标的选择、影响下属对事件的看法、影响下属达到目标的动机，以及领导者为获取组织外人士的支持和合作所做的一切。在这里，领导者指的是那些符合大家的期望，能够施展领导才华并占据了相应职位的人。领导工作就是让人们正确地认识自己与他人、自己与组织的关系，并使这些关系完整地表现出来，还要协调好各种人与人的关系。所以领导的本质是对人的领导，而对人的领导的关键是心理上的领导。可见，心理领导是领导本质之所在。

然而，心理领导的现实效能却与领导者个人素质密切相关。在任何群体中，成员彼此在共同的交往和其他活动中相互作用，个人都可能影响别人，也都接受别人的影响。但是这种相互影响的力量，依各个人的条件而不同。最能影响别人的人，就是充任领导者的人。对他人或群体施加影响作用的过程，就是领导活动或领导行为。

如果领导者本身不具有足够有力的心理影响条件，将不会有真正有效的领导。应该说管理心理学有关领导心理的理论，如领导素质与领导群体结构、领导者的影响力、合理授权、领导有效性研究、领导权变理论、领导决策心理等内容，对提高企业领导者的综合素质，提高领导效能，是有着十分重要的现实意义的。

二、安全管理心理学与安全管理

任何企业生产活动都是由人与物（包括环境）两大因素构成的，并构成了物与物、人与物、人与人三大关系。安全事故发生的原因多种多样，但不外乎是这三大关系中的一个或多个出了问题。在三大关系中，人与物、人与人的关系是事故的主要因素，其中均含有人的因素。因此，人的因素是事故的最主要因素。

安全管理心理学旨在揭示人在安全生产活动中的心理活动和行为规律。它以管理系统中的人为研究对象，探索可以最大限度地提高人的安全意识的管理方法，减少不安全行为的发生，最终实现企业安全生产的目的。安全，不仅依赖于其工作与环境条件，在更大的程度上依赖于工作人员的工作态度、行为动机、群体的行为准则、心理气氛、人际关系、领导威信、影响力、激励机制等社会心理因素。所以，要想搞好安全管理工作，必须分析安全管理中的群体社会心理因素，考虑工作人员的心理特点和心理需要，采取相应的措施和方法。

人的不安全因素与人的不安全行为有关，而人的不安全行为又起源于人的行为动机和心理需要。人的不安全行为的动机受主观和客观两方面因素的影响。主观因素的影响，包括个体对安全问题认识的差异，个体的气质、性格和能力的差异，个体的需要是否符合客观，个体的行为异常及生理缺陷等。客观因素的影响，包括生产组织中的人际关系复杂、对福利待遇不满、规章制度不力、亲朋有矛盾、作业环境不良等干扰而造成的挫折情境。

由于这些影响，造成组织成员在安全工作中不能妥善处理人与人、人与物的关系，使人产生不安全行为，甚至导致安全事故的发生。在研究引起事故发生的不安全行为时，必须研究和分析人在生产过程中的心理活动及其规律，这就是研究安全管理心理学的原因所在。只有充分分析安全管理中的群体社会心理因素，全面考虑组织成员的心理特点和心理需要，及时采取相应措施进行补救，才能有效化解安全管理的突出矛盾，切实提高组织安全管理水平。

三、安全管理中需考虑的心理学问题

不少安全管理者认为安全工作就是找问题、心理测试挑毛病，得罪人，好心一片，却得不到理解，日久天长，产生厌倦思想，工作积极性下降，工作无起色，安全工作也渐渐被单位领导忽视，导致恶性循环。问题主要原因之一就是工作方法生硬，不分对象，百人一面，千篇一律，因而，安全管理者应当从心理学角度分析个性差异，因人施教，使工作更富有人情味，更具针对性和预见性，达到事半功倍的效果。

（一）人的现实需要问题

心理学研究表明，人的行动是由思想支配的，思想动机是由需要引起的。个体行为直接或间接、自觉或不自觉地为了满足某种需要，当需要得到满足，行为结束后，又会有新的需要产生新的动机，引起新的行为。现实需要是人的积极性和主动性的根本动力，做好安全管理工作，首先就要研究和满足人的现实需要。

人的需要是多层次、多结构的。依据马斯洛的需要层次理论，个体有改善物质文化生活的需要、安全的需要、归属的需要、成就的需要、求知成才的需要、自我实现的需要，等等，其中物质需要是前提和基础。安全管理工作要重视人的物质需要，贯彻物质利益原则，这样才能从根本上调动个体的积极性，使其保持健康、饱满的情绪，做好安全工作。

由于所处的地位、职业、文化程度、社会关系等的不同，组织成员的需要表现出较大的差异。因此，安全管理者要善于观察人，了解人的需要，这样才能针对不同对象的特点，采取不同的方法，在条件许可的情况下，尽量满足他们的合理需要，调动不同类型的人的工作积极性。要通过分析具体人的具体需要来掌握人的行为的规律，提高对可能出现的不安全行为的预见性和控制力。安全管理者应依据人们需要的客观内容，把精神鼓励和物质奖励结合起来，充分发挥组织成员的积极性和创造性，从而提高安全水平、劳动效率和管理效率。

（二）个性心理特征问题

心理学中所谓个性，指的是个体在社会生活和工作实践中形成的各种稳定的心理特征的总和，表现为个体在气质、性格、能力等方面存在的差异。

性格是一个人比较稳定的对现实的态度和习惯化的行为方式，也是表现一个人的社会性及精神面貌的主要标志。在工作中，性格在一定程度上制约着人的认识过程和操作技能，影响个体在工作过程中的安全行为。性格结构中包括对现实的态度特征、情绪特征、意志特征、理智特征四个方面，其中个体对社会、集体、他人、劳动、自己的态度直接影响到工作行为的规范性。当我们对一个人的性格有了比较深切的了解后，就可以预测他在一定的情境中将会做出什么反应，采取怎样的行动。

心理学一般把人的气质划分为胆汁质、多血质、粘液质和抑郁质四种类型。根据个性中的不同气质采取不同的工作方法，发扬个体气质类型的积极方面，克服和避免其消极方面，使工作更具有针对性，保证人的情绪处于良好的状态。

（三）感情卷入问题

感情与认识不同，它不是对客体事物的反映，而是主体与客体之间的某种关系的表现。感情对个体的认识和实践活动有着重大影响。在安全管理中，轻松、平静、愉快、乐观的情感能使人感受到工作和生活有意义，对未来充满希望，能提高人的工作效率和安全意识，能使组织成员对客观情况观察全面、及时，反映清晰，判断正确，操作平稳，促进认识过程和技能的协调。相反，急躁、烦恼、愤怒、萎靡的情感是压抑组织成员积极性的一种内部障碍，使人工作分心，精力不集中，不能及时发现危险信号，导致判断错误，操作失误。人的行动往往受情绪支配，总是带着这样那样的感情色彩。人们要求得到别人真挚的感情，也要求自己的感情能有真诚的接受者。因而，搞好安全管理，必须要注重感情投入，要尊重人、关心人、理解人，做到情真理切，情理结合。

人是企业安全管理的主体。人是有思想、有情感、有各种复杂精神需求和具有不同性格与气质特征的，而且人的思想和心理活动又是非常复杂的，会对各种刺激做出反应，这种反应必然对他从事的工作和生活产生影响。当人的内在心理因素与外部环境相“匹配”时，表现为“正确”的行为；当人的内在心理因素的某些要素与外部环境的某些要素发生冲突时，其行为表现为“失误”。在安全管理工作中，这种“失误”就表现为人的不安全行为，即不符合安全规程，有可能导致人身伤亡事故和财产损失的行为。

总之，在安全管理中，只要注意研究和满足人的现实需要，科学掌握人的个性心理特征，注意研究和重视感情投入，就能在很大程度上控制和消除员工的不安全行为，有效地提高安全管理水平。

第二节　安全管理实践

一、人性假设与安全管理

非理性人假设认为，人类个体大体上可以分成两类，一类即小部分人能自律和自制，受感情因素影响较小；另一类即大多数的人生来是有惰性的，必须由外界的刺激物加以激励，该类型个体天生的目标就是跟组织的目标背道而驰的，必须由外界的力量加以控制，才能保证为组织的目标而工作。

持上述假设的研究者主张，必须把管理其他一切人的责任授予能够自律和自制的个体。基于这种观点，企业的安全管理就是由管理人员使用职责实施对被管理者的管理，使其切实满足安全工作的要求，强调严密的组织制度和制订具体的安全规范，组织成员的主要任务就是听从管理者的指挥。在安全奖励制度方面，主要用物质的、精神的东西来刺激员工的安全行为和安全生产积极性，同时对消极对抗、违章违纪者采用严厉的经济惩罚措施。这种思想在我国沿用了很长一段时期。其局限性在于，利用职权严密地控制组织成员，把管理者与被管理者对立起来，排斥组织成员参与管理，否认了组织成员在安全管理工作中的地位和作用。

人除了物质上的需要外，同样也重视社会需要。让员工参与安全管理，尽可能改善安全管理者与员工之间的关系，这比单纯的物质刺激效果更好。在工作中与人友好相处，良好的人际关系是调动人个体工作积极性的重要因素。另外，人本身就是一个庞大的系统工程，是复杂的，不仅人与人之间存在个性的差异，即使是同一个人，在不同年龄、不同时段、不同地点也会有不同的表现。人的需要和潜力会随着年龄的增长、知识的增加、处境的改变而有所变化。

因此，安全管理过程中，既应该要求安全管理人员保证基本安全管理组织形式和规章制度，还必须根据实际工作情况采取动态的安全组织管理。既要善于发现组织成员在需要、动机、能力、个性等方面的个别差异，又要因人、因时、因地制宜地采取灵活多变的安全管理方式与奖惩措施。

二、奖惩机制与安全管理

美国心理学家斯金纳认为，人们会通过对过去的行为及其结果的学习来影响将来的行为。行为结果有利时，人们会趋向于重复这种行为；反之，该行为会趋向于减弱或消失，这种现象在心理学中被称为“强化”。对个人的行为实施奖励，从而使这些行为得到进一步加强即正强化，方法有发放奖金，对成绩的认可、表扬，改善工作条件，提升、安排担任挑战性的工作，给予学习和成长的机会等。负强化就是对那些不符合组织目标实现的行为进行惩罚，以使这些行为削弱直至消失，其方法包括批评、处分、降级等，有时不给予奖励或少给奖励也是一种负强化。负强化作为基本的安全管理手段之一，能及时矫正组织成员的不安全行为和确保组织安全有效的运行，如果用法不当，非但不能调动其积极性和创造性，反而会严重挫伤其热情，影响安全管理者与组织成员的沟通，甚至出现极端行为。因此，实际工作必须科学地运用负强化，坚持正强化和负强化相结合的原则。基于这种强化理论，安全管理过程中可以采取一系列的强化措施。

三、亲情管理与安全管理

个体是组织得以存在的基本单元和根本，对成员的亲情关怀，是组织以人为本的最现实的体现。如果管理者对组织内成员能够悉心关照，想其所想，急其所急，就会有较大的功效。从人作为感情动物的特性来说，你关注我，我也会想着你，形成组织与成员忧乐与共，共同进退。作为一个安全管理人员还应该要弄清每个组织内成员的基本家庭情况，在他最需要的时候，能够送去家庭的温暖和领导的关怀。这种亲情感化方式实际上是满足了马斯洛层次需求理论中提出的成员安全、社交、尊重的需要，通过亲情管理，组织内员工获得了归属感、稳定感与成就感，组织也就有了凝聚力、向心力和竞争力。

四、塑造良好的安全行为从小事做起

社会心理学家弗里德曼在20世纪60年代做了一个非常经典的实验。他先到一个社区，希望住户在门前立一块“安全驾驶”的牌子，只有17%的人同意了。在另一个社区，他先请住户支持“安全委员会”的工作，在一份呼吁安全驾驶的请愿书上签名。在两周以后，再到这些住户家里要求立“安全驾驶”的牌子，结果76%的都同意了。该实验证明了登门槛现象的存在，即个体一旦接受了他人的一个小的要求之后，更容易接受更大的要求。

对于一个没有良好安全习惯的组织成员，一次性的要求他严格遵守新的安全管理制度，会比较困难，而从微不足道的小事开始，最好可以引导他主动做出一些非常简单的安全行为，这样会大大降低其贯彻其他安全管理要求的难度。个体接受了一个安全行为要求，会内化为个人的态度（安全意识），新的态度会影响其后继行为。当他接受了一系列安全要求，他也就会“不断强化”安全意识。

同时，我们要注意，人们很少会内化被迫的行为。如果组织内成员感到他的安全行为是被什么外力驱使的，比如因为被人监视或是为了逃避惩罚等，这些行为很难内化为个人的态度，真正提升安全意识，也很难有持续的作用。当外在的力量消失时，不安全行为还会出现，而且可能会更加严重。这就是为什么我们不赞成以强制性罚款来消除不安全行为的原因。

五、给组织内成员机会以充分表达“我要安全”

心理学研究发现，当众承诺会更容易实现，因此我们会用宣誓、当众表态、在大会上检讨等方法加强承诺。如果一个人的话语不是受贿或被迫的时候，语言更容易成为信念。

我们都希望能够得到别人的认可，而虚伪的人往往是鄙视的，因此我们有言行一致的倾向。在安全管理实践中，可以“创造”组织内成员表达安全意愿的机会，他们通过表达对安全重要性的认识，就会增强对安全的意识。这种表达途径既可以是口头也可以是书面，口头表达可以是在小组会议上每个人轮流发言，书面表达可以通过安全征文比赛或安全口号征集。在这些活动中，他们主动参加了活动——也许只是为了奖品，但这种行为会提高其安全意识。同时，将组织内成员的书面承诺公开出来，比如优秀的征文作品摘录在黑板报上或印刷成册，将其提出的安全口号张贴在显著位置，都可以提高安全承诺。

有趣的是，领导在安全会议上发表讲话，也会提高领导的安全意识，因为他们在说服别人的同时，也在说服自己。召开安全会议次数和讲话次数越多的领导，将可能越重视安全。

六、对组织内成员的安全行为充满期待

自我实现预言的现象，也叫做期望效应或罗森塔尔效应，最早在教育中被发现。

1963 年，罗森塔尔和福德告诉学生实验者，用来进行迷津实验的老鼠来自不同的种系，聪明鼠和笨拙鼠。实际上，老鼠来自同一种群。但是，实验结果却得出了聪明鼠比笨拙鼠犯的错误更少的结论，而且这种差异具有统计显著性。对学生实验者测试老鼠时的行为进行观察，并没发现欺骗或做了其他使结果歪曲的事情。似乎可以推断，拿到聪明鼠的学生比那些拿到笨拙鼠的不幸学生更能鼓励老鼠去通过迷津。也许这影响了实验的结果，因为实验者对待两组老鼠的方式不同。1968 年，两位美国心理学家来到一所小学，他们从一至六年级中各选 3 个班，在学生中进行了一次煞有介事的“发展测验”。然后，他们以赞美的口吻将有优异发展可能的学生名

单通知有关老师。8 个月后，他们又来到这所学校进行复试，结果名单上的学生成绩有了显著进步，而且情感、性格更为开朗，求知欲望强，敢于发表意见，与教师关系也特别融洽。

我们的期望可以改变他人的行为。如果我们对组织内成员能够达到较高的安全操作水平充满期待，也会引发他们更加高效、安全的工作。运用到管理中，就要求领导对下属要投入感情、希望和特别的诱导，使下属得以发挥自身的主动性、积极性和创造性。如领导在交办任务时，不妨对下属说，“我相信你一定能办好”“你是会有办法的”……。这样下属就会朝你期待的方向发展，人才也就在期待之中得以产生。一个人如果本身能力不是很强，但是经过激励后，才能得以最大限度的发挥，也就变成了强。

第三节　安全管理工作中的自我服务偏见及其规避

行为改变意识，意味着“我们怎么做，就会怎么想”。20 世纪 50 年代后期，心理学家列昂 · 费斯廷格提出了著名的认知不协调理论。该理论指出，个体可能感受到的两个或多个态度之间或者他的行为与态度之间出现不一致时，内心就会产生一种紧张状态（不舒服感），为了缓解这种紧张状态，个体会调整自己的态度。我们做出重要抉择后，往往会过高地评价自己的选择而贬低放弃的选择。我们当众表态要遵守安全规程不再违纪时，我们会更加相信自己说的话，和私下表态相比，我们更可能“说到做到”。

一、安全管理工作中的自我服务偏见

有一个看似简单的问题：“每个人都高于平均水平，这可能吗？”能够理性思考的人肯定会对此嗤之以鼻，因为这样的问题太过荒谬，而心理学研究发现，无论年龄、性别、社会地位、经济收入有多么不同，我们每个人在内心深处都相信，我们比普通人强，

这在心理学上被称为自我服务偏见。这种现象在安全工作管理实践中，会影响我们对事故原因的分析、对事故隐患的判定以及对自己安全行为水平的判断。

首先，这种现象会使我们在解释事情结果时发生偏差。成功者往往认为成功源于自己的能力，而失败者会则将失败归因于坏运气。没有发生事故的组织会认为自己的安全管理体系健全，安全管理水平高，而发生事故的组织大都认为自己“运气太差”了。

其次，这种现象也会使我们产生盲目的乐观情绪，比如认为“我不会发生事故”，或者“这种事情不会发生在我身上”。亚当·斯密曾说：“对自己好运的荒谬的推断”，源自“绝大多数人对自身能力的一种自负的幻想”。盲目乐观情绪的危害性显而易见，虚幻的乐观会增加我们的脆弱性，降低对事故隐患的警惕性，降低对事故发生的可能性和后果严重性的评价，低估事故的危害。

此外，自我服务偏见可导致虚假普遍性和虚假独特性。比如，当一个组织成员违反安全工作规程时，他可能会想：“其他人也都是这样干的，也都没事儿”。某个单位没有执行管理要求时，可能也会认为“别的单位也都差不多”，这就是虚假普遍性。我们过高地估计别人对我们的赞成度以支持自己的立场。同样，我们做得不错或取得成绩时就会出现虚假独特性效应，认为自己的能力是异乎寻常的。

自我服务偏见是人类在进化过程中获得的心理特征，其在缓解焦虑情绪等方面有积极意义。同时，我们也必须认识到，自我服务偏见所造成的盲目乐观常常是发生安全生产事故的诱导因素之一，它是人类本性中傲慢的体现，傲慢位列神学中的“七宗罪”之首，如果生产安全事故也可以列出几宗罪的话，傲慢（或者盲目乐观、盲目自信）也可以列在首位。

二、安全管理工作中自我服务偏见的规避

（一）提高自我认知能力，理性了解自我

自我认知是一种高级的心理过程，包括对个体身心状态的认

知、体察、监控。自从苏格拉底提出“人，认识你自己”之后，就越来越多的人意识到，理性地认识自我对控制、塑造行为的重要意义。我们并不是经济学家眼中的“理性人”，而恰恰相反，人类对自己的了解只是冰山一角，我们自己决定自己的行为，但有可能我们只是在解释自己的行为。能够了解自己行为中非意识成分并加以控制，是保证行为达到管理目的的有效措施。

（二）提高组织内成员的自尊

尽管有研究证明，高自尊受到挑战时可能造成恶劣后果，但更多的结论指向高自尊的人会更加主动、乐观和愉快，会在工作和生活中表现得更优秀。自尊不仅是自我尊重，高自尊的人还能够敏锐地了解到集体对他的期望，同时渴望被集体接受，因此更加努力地工作。他们更可能遵守安全管理的各项制度，履行安全责任，完成管理要求。

培养组织内成员的自尊，可以提高其遵章守纪的主动性和完成安全要求参与安全活动的积极性。自尊的塑造一是要找到自尊的支点，即找到突出的优点和长处，这要求管理人员努力发现组织内成员的优点和长处，同时给予奖励和表扬加以强化；二是要有正确的方向，将自尊建立在个人品质、工作能力等内部因素上。这样的自尊也会给组织内成员带来更大的幸福感，提高工作满意度，而高工作满意度往往会产生更高的工作效率。

（三）激发安全行为的自我效能感

在自我概念中，与自我服务偏见相关的另一个概念是自我效能感。斯坦福大学心理学家艾伯特·班杜拉 1982 年提出了自我效能理论，班杜拉认为，人类的行为不仅受行为结果的影响，而且受到通过人的认知形成的对自我行为能力与行为结果的期望的影响。在安全管理工作中，我们可以理解为，如果每一个组织内成员都认为通过遵守安全工作规程，履行安全要求能够达到使自己获得安全的目的，而不是把出事故归结为运气不好，他们就更容易做到安全生产。

激发安全行为的自我效能感可以有四种方法:

1. 成就表现

如果组织内成员在工作中因为履行安全行为而避免了事故，得到正反馈（表扬或其他方式的激励），他会加强这种行为，而这种经验会提高他对于履行安全行为能够获得安全的自我认识，在日常工作中表现出更多的安全行为和更高的安全意识。

2. 替代性经验

直接在工作中获得的安全经验往往是消极的（因为安全行为而避免事故），替代性经验更重要，通过观察其他人安全行为和安全结果、不安全行为和安全事故之间的联系，可以更加清晰地建立起对安全行为的自我效能。具体地说，就是可以通过对先进安全管理经验的推广和对事故案例的学习来建立“替代性经验”，比如组织内成员看到和自己一样违规的人发生了事故，而事故给自己和家人都带来了难以接受的痛苦，他可能会将这些案例转化为自己的经验，提高自我效能感。

3. 言语劝说

言语劝说并不简单等于我们常说的“说服教育”，而是泛指说服性的建议、劝告、解释、引导等。我们常用的安全管理手段，例如培训、会议、文件等基本都可以划入“言语劝说”的范畴。作为一种管理方法，言语劝说简便易行，可使用的材料丰富，但相对于前两种方式，效果并不很理想。

4. 情绪唤醒

与事故相关的恐惧情绪和与安全相关的平静幸福的感觉，会增加组织内成员的安全行为。交警将交通事故的现场照片予以公布，也可以唤起司机对事故的恐惧情绪，以减低事故发生的可能性。在安全管理工作中，我们既需要足够乐观的精神支撑希望，同时也需要悲观的心态以增强对隐患的警惕。

第七章　学校安全事故救助机制

历史已经证明，无论如何完善的学校安全预警和预防机制，都只能是最大可能地把发生安全事故控在最小范围之内。加上由于很多国际和国内可以或不可以预见的危险因素的存在，诱发学校安全事故发生因素的复杂性，任何学校都不能保证不发生安全事故。构建学校安全事故救助体系就显得十分必要。

第一节　学校安全事故救助机制概述

一、学校安全事故救助机制的内涵和特点

学校安全事故救助机制，是指学校安全事故发生后，依法承担责任的相关组织及人员，及时准确地对事故进行判断，并采取恰当措施对师生员工生命财产进行的救护与援助系统。该系统包括救助主体、救助对象和救助措施三个基本系统。其中，学校安全事故救助主体包括政府部门领导、医疗卫生部门及其相关医护人员、学校校长及教师、现场其他未受伤人员、社会其他人员等，救助主体是实施救助的前提。学校安全事故救助对象就是受伤害的学校，学校师生员工特别是学生，明确救助对象是保证有效救助和及时救助的关键。学校安全事故救助措施包括现场抢救和后续救助，学校安全事故救助措施是开展有效救助，减少事故实施的核心。显然，学校安全事故救助是学校安全事故发生后采取的一种补救措施，救助措施的科学和救助的及时能在一定程度上减少师生员工生命和财产的损失。

学校安全事故救助机制是学校安全预警、预防机制的补充机

制；是及时拯救对象生命财产的机制；是政府履行职能，依法必须建立的拯救人生命财产的机制；是反映政府执政能力的机制。

二、学校安全事故救助机制建立的价值

学校安全事故发生后能否得到及时有效的救助，事态能否得到有效控制，事关学校安全事故责任的认定，事关事故损失能否控制在最低限度，因此学校安全事故救助机制的建立具有重要的价值。

（一）学校安全事故救助机制的建立，有利于把事故伤害损失控制在最低程度

尤其是群发性伤害事故、公共卫生事件，由于在危机发生时，人群中通常会出现一些恐慌等非理性的反常行为，这些行为往往会使他人被动接受和模仿。传染病原的出现，如不及时治疗和隔离，在一定程度上会扩大人群的感染，从而酿成群体性灾难性的学生伤害事故。因此，学校安全救助机制的建立并有效运行，可以充分发挥学校的组织、指挥职能，能够及时调动人力、物力，对现场及时控制，及时抢救，能有效控制事态的进一步恶化，把事故的损失控制在最低限度。

（二）学校安全事故救助机制的建立，有利于事故纠纷的解决

学校安全事故发生后，在善后处理过程中均会涉及事故责任的认定，尤其是责任现场的保护更是认定责任大小的重要证据。因此，学校安全事故救助机制的建立，有利于充分发挥学校的组织、指挥职能，对事故现场秩序进行维护，对现场人证、物证进行保护，能为相关部门在分析取证时提供方便，有利于责任的划分、判定和事态纠纷的解决。

（三）学校安全事故救助机制的建立，有利于充分调动救助资源

学校安全事故救助机制建立后，一旦发生学校伤害事故特别是重大伤害事故，有利于充分发挥学校的组织、指挥职能，及时启动救助机制，及时根据救助需要，调动各方救助资源，使各项救助工作及时、顺利进行，参与救助人员能够及时出现在事发现场，使伤者能够及时得到抢救或转移，隐患能得以及时排除，事态能得到有效控制，使后续救助顺利开展，当事人合法权益得到有效保证。

第二节　学校安全事故救助机制的建立

一、学校安全事故救助机制建立的特点

学校安全事故救助机制建立的特点就是指学校安全事故救助机制建立所具有的独特的地方。学校安全事故救助机制建立的特点既可以是同预警机制建立比较而言，也可以同其他预防机制建立比较而言的。对学校安全事故救助机制建立特点的认识和把握是正确对待和认识学校安全事故救助机制建立的前提。学校安全事故救助机制的建立具有补救性、综合主体性两大特点。

（一）补救性

当学校安全事故预防机制严格运行起来后，理应消除学校危险源，就不会发生安全事故。但是天有不测风云。任何时代、任何国家、任何组织、任何学校、任何个人，都不能保证不出现安全事故，况且在当今复杂的社会条件背景下，学校又是未成年人集中的地方，发生学校伤害事故在所难免，这样就决定了应当有学校安全事故救助运行机制响应，安全事故救助才能达到预期目的。如果说学校安全事故预防机制的建立是为解决学校安全事故预防，消除安

全事故隐患源，为控制或者消灭安全事故提供“根据”，那么学校安全事故救助机制的建立则是为学校安全事故预防机制提供补偿“手段”。没有学校安全事故救助机制的建立，安全事故预防机制的建立就不完善，万一发生意外伤害事故甚至特大伤害事故就会措手不及，就可能导致更大的损失。所以，安全事故救助机制的建立是学校安全事故预防机制建立的必然要求，是万一出现意外安全事故后的有准备的弥补性工作。如果说学校安全事故预防机制的建立反映的是控制性特点，那么，学校安全事故救助机制的建立反映的就是补救特点。

（二）综合主体性

世界上最宝贵的就是人的生命，任何学校安全事故发生，重要的是涉及人的生命问题，轻者给人造成痛苦，严重时就会导致生命的消失。所以凡是发生学校安全事故，第一位的就是考虑对生命的救助。对生命的救助，特点是学生伤害事故发生后，抢救生命就是第一位的任务。如 1999 年 9 月 14 日，是一个震惊四川宜宾、令人揪心的日子。那天，天正下着大雨，宜宾某有限责任公司一辆专门送孩子上学的大客车满载着欢呼活跃上学堂的孩子们，在路经一铁道口时，一声惊天动地的巨响，大客车被快速运行的火车头撞飞，40 余位中小学生遭遇飞来横祸。结果造成四男二女学生死亡、轻重伤 33 人的特大交通伤害事故。对该突发性事故，必然发生救助问题。这类特大的交通安全事故救助，涉及方面复杂，首先是医院，其次是相应的政府，政府部门包括教育部门、卫生防疫部门、交通部门、安全部门、保险部门，学校不具有支付庞大的救助费用能力时，还要涉及财政部门，发生刑事和民事责任的追究时还要涉及司法部门等。参与救助主体具有多主体性，我们建立的学校安全事故救助机制就应当涉及这些主体，明确这些主体的责任。所以建立学校安全事故救助机制带有综合主体性。

二、学校安全事故救助机制建立的原则

（一）人道原则

“人道”有广义和狭义之说。广义的人道是“视人本身为最高价值而善待一切人、爱一切人、把任何人都当成人看待的行为，是基于人是最高价值的博爱行为，是把人当成人看的行为；反之，不人道”。狭义的人道便是“使人实现自己潜能的行为，便是使人自我实现的行为，便是使人成其为人的行为”，反之也不人道。不管是广义还是狭义的人道，一个基本意思是要求把人当成人来看待，提倡关心人，特别是关心人的生命，坚持生命第一。所以人道的基本内涵就是“关心人的生命，坚持生命第一”。建立学校事故救助机制的基本目的是在学校安全事故特别是大事故发生之后，将事故给人们生命财产带来的损失减到最低程度。要达到这一目的，有关主体就应当做到有充分的思想、组织、人员、物资、经费的准备，一旦发生学校安全事故特别是特大安全事故，才能遇事不慌，保证拯救被伤害人生命的行动及时展开，被伤害者的生命才能得到及时的有组织、有秩序、无条件的拯救，才是真正的人道，真正的“尊重和保障人权”。所以，学校安全事故救助机制的建立首先应当坚持人道的基本原则。

（二）法治原则

胡锦涛同志在党的十七大报告中指出：“坚持依法治国基本方略，树立社会主义法治理念，实现国家各项工作法治化，保障公民合法权益”“依法治国是社会主义民主政治的基本要求。”其中，“法治”这个词“首先表示一种治国方略”；其次“是一种理性的办事原则”；再次“是一种更改的法制模式”；然后“是一种理性的法律精神”；最后“是一种理性的社会秩序”。我们建立的学校安全事故救助机制仍然应当坚持这一法治原则，即坚持救助主体以及责任依法确立，救助措施依法采用，救助条件无条件提供，适当补偿依

法进行，没有尽到救助责任或者救助失职应当依法承担第二责任的原则。所以，严格按照学校安全事故救助机制办事，维护学校安全事故救助机制正常运行秩序和稳定，是建立学校安全事故救助机制应当坚持的第二个原则。

（三）合情合理原则

“享有充分的人权，是长期以来人类追求的理想。”在国外，人权主要指人的“利益”“主张”“资格”“权能”“自由”。在中国，“人权所包含的人道精神和大同精神，在中国古代社会里不仅存在，而且相当丰富”。中国人权历来主张“人与人的关系不应该是一种相争相索的利害关系，而应该是一种互爱互助的道德关系。人和人要以心换心，德德相合，不要以利换利，得得相计。只有这样的社会生活，才是最好的”。学校安全事故救助机制中的每一个环节、每一个子系统都是由人组成的，这些人都是国家赋予救助人们生命财产的人，是充分享有一定权利的人，他们也当然充分享有人权。学校安全事故发生后，有关主体在职权范围内履行自己的责任，对他人进行救助，就是对他人人权最大的保护，否则就是对他人人权的侵犯。对他人人权的救助，这既符合国际人权思想，也符合我国古代的人权精神，是合情合理的。学校安全事故发生后，有关主体不履行自己的责任，不对他人救助，或对他人的救助采取说一套做一套，导致救助工作不能顺利进行，甚至导致重大损失或社会影响的，应当受到相应的惩罚，这也是合情合理的。因此，合情合理则是建立学校安全事故救助机制应当坚持的又一个原则。

三、学校安全事故救助机制建立的条件

学校安全事故救助机制的建立，除了需要有关政府领导和主管部门负责人重视外，关键是需要解决救助人员条件、医疗设备条件和救助经费条件。

（一）专业救助人员条件

学校安全事故救助机制是个复杂的系统，它除了涉及组织管理外，更重要的是要涉及事故现场和后续救助工作。这种救助主要涉及现场伤员的抢救、现场秩序的维护、心理疏导、经费的筹措、事故发生成因侦破、纠纷的解决等。这些都要求具有较强的现场抢救能力、组织指挥能力、分析判断能力、关系协调能力、经费等的筹措能力、说服工作能力、心理沟通能力等。因此，选拔参与学校安全事故救助机制的人员，不是一般教育工作就能胜任，必须具备较高综合素质，具有一定相关救助专业知识和技能，并且要热心此项工作的人员。所以选拔和培养具有救助综合素质的组织管理以及专业技术人员，是建立学校事故救助机制的关键条件。没有这个条件，救助机制就不能发挥其应有的作用。

（二）救助医疗设备药品条件

学校安全事故救助机制的运行，核心是对受伤人员的抢救，最大限度地拯救被伤害者生命，或者将伤害的痛苦降到最低程度。这就要求建立的救助机制必须有医院、防疫部门或医务、防疫人员参与。由于学校安全事故特别是特大安全事故的发生成因复杂，又直接涉及人的生命问题，同时，对事故发生的严重程度以及人数、地点、时间、对象一时难以确定，因此，要求参与救助主体必须具有熟练的救助技术，掌握现代生命救助工具的运用，具备相应的医疗、设备、药品包括抢救需要的血浆储备条件，才能保证救助工作顺利进行，达到预期救助目的。所以，具有专业救助技术、医务人员高超的医疗技术和医院良好的医疗设备、药品储备条件，是建立学校安全事故救助机制的又一关键条件。

（三）救助经费条件

发生学校安全事故特别是特大安全事故之后，关键是抢救人的生命。而群体性的伤害，如交通安全事故、特大学校火灾事故、特大自然灾害、饮食中毒事故等，往往涉及伤害者人数都比较多。在抢救伤员过程以及后续救助中，都需要大量的物力和经费，特别是抢救伤员需要的经费如交通费、抢救费、医疗费以及相关人员在抢救过程中的必要费用，后续救助中需要的责任赔偿费，人道援助、补贴费等。救助经费特别是重大学校安全事故所需的救助经费是一笔不小的开支，对一所学校可能是天文数字。没有必要的救助经费作保证，救助机制的有效性就要大打折扣，甚至运行都极其困难。所以必要的救助经费是建立学校安全事故救助机制又一关键条件，政府应当通过预算或者动员社会募集等方式，建立学校事故救助基金，保证救助的必需经费。

我们提出建立学校安全事故救助机制重点需要以上三个基本条件，是否就意味着不具备这三个基本条件就不能建立、要等这三个基本条件完全具备了才建立呢？“人命关天”“救死扶伤，实行革命的人道主义”，不具备这些条件也要建立，有了这些条件就能更好建立。何况，2001 年《国条院关于特大安全事故行政责任追究的规定》第 17 条规定：“特大事故发生后，有关地方人民政府应当迅速组织救助，有关部门应当服从指挥、调度，参加或者配合救助。一直以来，从中央到地方政府都很重视学校安全工作。目前，重点是有关部门和领导要转变观念，切实建立学校安全事故救助机制所需经费纳入财政预算或者社会救助基本筹集计划，学校安全事故救助机制的建立是完全可能的而且是必需的。

四、学校安全事故救助机制的内容

理论上讲，学校安全事故救助机制应当反映微观的救助机制。但是，不管是宏观还是微观、类微观救助机制，它们的共同之处，都是对已经发生的学校安全事故特别是特大安全事故所采取的补救性措施，希望将损失控制在最小范围或者主体可以接受的范围之内。当发生学校安全事故之后，不管哪个层面，采取的措施基本是一致的。所以我们只对政府和学校层面的学校安全事故救助机制提出建议。

（一）宏观学校安全事故救助机制的建立

宏观学校安全事故救助机制的建立，应当包括建立现场救助系统和后续救助系统两个子系统。

1. 现场救助系统

现场救助系统又称为现场抢救系统或者第一救助系统。该系统是学校安全事故救助机制的关键系统。发生特大学校安全事故，现场救助系统就应当包括政府领导。政府领导是现场救助系统的总指挥，保证现场救助的顺利开展；政府主管部门领导、学校安全主管部门负责人等是保证政府领导指挥能够得以顺利实施的执行主体；医院院长、医生及其他医护人员是现场救助的关键实施主体；社会各界涉及安全事故企业、事业单位，专业技术部门、包含卫生部门、学校等单位，是根据事故性质和需要参与救助的支持主体；公安、司法、专业技术部门，特殊情况下还应当请武警、解放军协助，这是根据事故需要提供的支持主体。该系统是建立学校安全事故救助机制必须考虑的前提，也是建立学校安全事故救助机制第一系统和学校安全事故救助机制运转的首要工作。

2. 后续救助系统

现场救助结束后，受伤人员分别不同伤情，送到医院进行抢救和治疗，需要后续救助系统连续工作。后续救助系统是救助机制的必要系统。后续救助系统可以从医疗、司法、赔补和教育四个方面来考虑。一是医疗包括心理抚慰子系统。事故发生后，对伤者及时送到医院住院治疗，配合公安、司法、专业职能部门合理解决事故，尽快从阴影中走出，恢复正常学习、生活的关键环节。二是司法子系统。事故发生经过抢救过后，分析发生的原因和责任是必要的工作，该系统由有关公安人员或者专业技术人员组成，其基本任务是依法对事故发生的原因进行现场调查或勘察、取证、分析，依法分清法律责任，依法定要求和程序处理责任事故，使受害者能够依法获得必要的补偿，有关责任主体吸取教训，防止类似事故的再次发生。建立后续救助系统不能缺少这个子系统，从某种角度上讲，这是救助机制的又一关键环节。三是赔补子系统。赔补子系统是政府或政府部门根据受灾情况，在法定范围内，在依法分清责任的基础上，依照法定的程序和要求，合理地对被伤害人员及其亲人适当经济赔偿或者人道援助的经济补偿系统。该系统包括保险系统依据保险法律条件和程序进行保险赔偿；安全事故基金储备系统依据基金使用范围和条件，依法定要求和程序进行补偿；民政部门依法定条件和程序实行民政救济；或者政府依法对受伤害公民适当给予经费补贴或者无偿的援助四个部分。这是建立救助机制必须考虑到的环节。四是教育子系统。该子系统要充分利用典型安全事故，对所在管辖区域的全体公民特别是责任和非责任人员进行特定安全事故教育、舆论安全教育，从思想上提高学校安全预防的意义以及安全知识、技能掌握重要性的认识，这是从根本上预防类似事件再次发生的系统。

现场救助系统同后续救助系统的有机结合，构成政府宏观学校安全事故救助机制。宏观学校安全事故救助机制的建立是政府学校安全事故预防机制建立不可缺少的重要组成部分。所以，要高度重视宏观学校安全事故救助机制的建立。

（二）微观学校安全事故救助机制的建立

微观学校安全事故救助机制的建立，包括建立现场救助系统和后续救助系统两个子系统。

1. 现场救助系统

现场救助系统是学校事故救助机制的关键系统。现场救助系统学校保障：校长是现场抢救的领导者、指挥者；分管校长是现场抢救的执行者；根据需要还可能是解放军或武警战士；医院医生是现场抢救的关键主体和专业技术人员；公安司法部门是现场抢救秩序维持者和法律援助者；班主任、教师、学生，有时还要涉及家长、社会有关部门人员、交通运输人员等，他们根据需要为现场抢救提供必要的帮助。明确的救助主体是建立学校事故救助机制必须考虑的前提，也是建立学校事故救助机制第一系统和机制运转的首要工作。

2. 后续救助系统

现场救助结束后，受伤学生已经分别不同伤情，送到医院进行抢救和治疗，需要后续救助系统连续工作。后续救助系统是救助机制的必要系统。这里的后续救助系统也可以从医疗、行政、赔补、教育四个方面来考虑。一是医疗子系统。事故发生后，对受伤学生进行住院治疗以及对学生及其亲人心理治疗和抚慰是前提。有关医生要细心医治，心理专业人员通过心理治疗和抚慰，是使受伤学生及其亲人配合医生药物治疗，配合有关部门合理解决事故，尽快从伤害阴影中走出，恢复正常学习、生活的关键环节。二是行政子系统。该系统是有关行政或者专业技术人员依法对事故发生的原因进行调查、了解、调解，必要时报告公安部门，请公安部门采取侦破手段，通过诉讼程序，依法分清法律责任，依法定程序和条件处理责任事故。建立后续救助系统不能缺少这个子系统，从某种角度上讲，这是救助机制的又一关键环节。三是赔补子系统。赔补子系统是在依法分清责任的基础上，严格依照法律和人道主义要求，合情合理合法地对被伤害学生及其亲人进行适当的经济赔偿或者人道主义援助系统，这是建立救助机制必须考虑的环节。四是教育子系统。该子系统要充分利用发生的典型安全事故，对学校有关学生包括责任和非责任学生进行生动的安全教育，从思想上提高学生安全预防意识以及安全知识、技能掌握重要性的认识，这是从根本上预防类似事件再次发生的系统。

现场救助系统同后续救助系统有机结合，构成微观学校安全事故救助机制。微观学校安全事故救助机制是微观学校安全事故预防机制不可缺少的重要组成部分。所以，要高度重视微观学校安全事故救助机制的建立。

第八章　分类学校安全事故救助机制

第一节　学校交通安全事故救助机制

一、学校交通安全事故的内涵

学校交通事故又可以称为学校交通安全。根据《道路交通安全法》中的定义，学校交通安全，“是指车辆在道路上因过错或者意外造成的人身伤亡或者财产损失的事件”。

交通事故应符合四个条件：首先，限于车辆造成的人身伤亡和财产损失的事件。也就是说，必须有一方为车辆，没有车辆就不能构成交通事故。交通事故包括机动车与机动车、机动车与非机动车、机动车与行人之间发生的交通事故，而飞机、轮船、火车与机动车、非机动车、行人之间的交通事故以及行人与行人之间在行走中发生碰撞就不能算是交通事故。其次，学校交通安全必须发生在《道路交通安全法》所规定的道路上。在非道路上发生的事故不适用道路事故的有关规定，如水上交通、空中交通、轨道交通等。再次，学校交通安全必须有造成人身伤亡和财产损失的损害后果发生，这种后果不包括间接的损害后果。如果没有造成人身伤亡和财产损失的损害后果，就不能形成交通事故。因为，学校交通安全处理的最终目的是为了解决交通事故所造成的人身伤亡和财产损失，没有造成财产损失和人身伤亡的事故不在其调整的范围内。例如精神损失事故就不属于交通事故范围。最后，学校交通安全当事人的主观心理状态是因为过错或者意外，不能为故意行为。这是因为事故本身包含非故意的要求，如果利用车辆故意造成人身伤害或财产损失是一种故意犯罪，故意犯罪行为不适用交通事故处理，也不是我们研究的范围。

我们认识了一般的交通事故，那么对学校交通安全事故就可以这样来界定：学校交通安全事故就是指涉及学校或学生的交通安全事故。

二、学校交通安全事故的现状和特点

本研究以四川农村学校为背景，选择四川某县学校交通事故作为基本对象，通过交通警察等部门和学校最近十年来发生在该地区的 1 611 宗学生交通事故中的 289 名伤亡儿童，包括各级各类学生，既有幼儿园孩子，也有小学生和中学生。我们主要采取资料查询法、实地访谈法、综合分析法等方法，通过到全区各校实地调查、个别访谈，以及到交警部门查询资料，确定了 289 个样本进行分析，反映出以下学校交通安全现状和特点。

性别特点：男学生多于女学生。在 289 名伤亡者中，男性 207 例，女性 82 例，男女比例为 2.5∶1。

年龄特点：以 11～14 周岁为最多。在 289 名伤亡者中，年龄最小的 3 岁，最大的 18 岁。其中 3～6 岁的 13 例，占 4%；7～10 岁 41 例，占 14.2%；11～14 岁 138 例，占 47.8%；15～18 岁 96 例，占 33.2%；年龄不详者 2 例，占 0.6%。

时间与季节特点：案发时间季节——下午放学为最多时段，7 月份为最多月份。在学生上学、放学及警力失控的时间段内，发生事故比较频繁。发生事故的重点时段在上午 7～9 时、中午 11～15 时、下午 17～19 时三个时段，并呈递增的趋势。

年底的 12 月、年初的 1 月、2 月以及 7、8 月份交通事故典例相对增多。每周内星期四事故最少，逐日攀升至星期日事故最多。

地点特点：案发地点——乡镇主干道为最多。在 1 611 例中，发生在乡镇主干街道的有 702 例；乡镇一般街道的有 262 例；镇外主干道公路的有 568 例；镇外一般公路的有 79 例。

肇事车辆特点：肇事车辆类型——以摩托车为主。肇事车辆类型分为大型货车（载重在 4 吨以上）、小汽车（包括轿车、中巴车、面包车、吉普车）、小型货车（载重 4 吨以下）、大客车（包括市内公交汽车、长途客车）、农用车、摩托车（包括两轮、三轮）。

在对统计的 1 611 例学生交通事故 652 辆机动车辆类型的分析中，大货车（载重在 4 吨以上的）为 29 辆，占 4%；小汽车为 150 辆，占 23%；小货车（载重在 4 吨以下的）为 99 辆，占 15.8%；大客车为 76 辆，占 11.66%；农用车为 33 辆，占 5.1%；摩托车为 315 辆，占 48.31%。其中，摩托车和小汽车占总数的 71.31%。

状态特点：案发时伤亡者所处的状态——学生步行突出。分为骑自行车、步行、乘车（包括乘机动车与非机动车）、驾驶机动车、静止（包括路边候车、路中施工等）。

我们对学生文通事故案发时 289 名学生所处的状态情况进行分析，发现 141 人处于步行状态，占 48.57%，108 人处于骑车状态，占 37.14%；20 人处于静止状态，占 7.14%；4 人处于驾车状态，占 1.42%；16 人处于乘车状态，占 5.71%，其中处于步行、骑车状态的占 85.71%。

三、学校交通安全救助机制的建立

做好学校交通安全的预防工作，可以尽量避免交通事故的发生，将交通违规行为和交通事故的出现率降到尽可能低的程度，保护中小学生的安全。但预防不是万能的。现实中，客观上由于各种意外和偶然的原因，依然不可避免地要出现一些交通事故。

（一）学校交通安全救助机制建立的基本依据

《未成年人保护法》 第五条规定：“保护未成年人是国家机关、武装力量、政党、社会团体、企事业组织、城乡基层群众性自治组织、未成年人的监护人和其他成年公民的共同责任。”因此，学校学生保护条例要明确政府、社会、学校等单位与个人在学校学生安全保护中的基本职责。首先，政府及其有关负责人要全面领导学校学生安全工作，将学校学生安全工作列入政府工作计划，统筹指挥，协调安排，定期检查，保证必要的经费，定期培训有关学校学生安全教育与管理人员。其次，政府教育部门主管学校学生安全保护，做好内部安全预防教育、管理．对政府直接负责。同时注意协调教育与社会各主管部门的关系，共同做好学校的安全预防工作。再次，政府其他相关部门对学校学生安全工作，在学校需要时，要给予积极的帮助、支持，对学校围绕课程计划安排的教育活动提供方便，必要时还要优先、优惠。最后，交通警察部门要充分利用自己的专业与管理优势，检查、维护学校周围特别是学校校门的交通安全，为学校优惠提供或者检查交通工具，指导和维护学校学生的交通安全，为学校组织学生参与社会实践活动提供交通方便与沿途道路、港口安全保证。

（二）建立交通安全救助机制的措施

学校交通安全救助是出现交通安全事件时的应对与处理，防止事故危害进一步扩大，在范围和程度上限制交通安全事故造成的损失，有效地解决交通安全纠纷。建立学校交通安全救助机制的措施是：

1. 确立救助主体

救助主体包括救助组织和人员。其中学校交通安全救助组织分为管理组织和技术组织。管理组织是负有学校安全责任的政府、交通管理部门、教育主管部门和学校及有关负责人。特别是政府及其分管负责人是学校交通安全救助的责任主体。技术组织是具体负责学生救助的医疗机构和后续救助的有关部门和专业技术人员。技术主体是保证救助工作得以顺利开展的关键。学校交通安全救助机制的建立，要确定专人管理，明确任务与分工，制订学校交通安全事件救助应急预案，公布学校交通安全专管电话号码。

2. 进行救助宣传

交通安全问题是带有普遍性的问题，除了要人人具有预防意识和采取预防措施外，进行交通安全救助知识和技能的日常学习、宣传、训练是有效进行救助的必要条件。救助宣传包括的基本内容：110 或 120 电话拨打；简单救助常识普及；救助知识载体选择；救助宣传媒体选择；骨干救助人员选拔与培训，责任的落实；救助经验和教训的总结和汇报等。

3. 救助信息报告

若发生学校交通安全事故，任何公民、任何组织，特别是学校要在第一时间向上级主管部门和交通事故处理部门报告，并选择恰当的方法组织相关人员赶赴现场组织救助、保护现场。若有人员受伤，要在第一时间拨打 120 及时救助。在救助机制运行过程中，若提供虚假信息，延误救助时机，或不服从分配、调度，造成行动迟缓，或在处理纠纷过程中不依法办事，徇私枉法，或不为救助提供必要的人员和经费、物质条件，影响救助进行，而酿成不良后果，将根据有关规定依法追究当事人的责任。

4. 明确救助责任

在学校交通安全事故特别是重大事故发生后，有关救助责任主体特别是医疗单位在接到救助信息后，必须以最短的时间、最快的速度赶到交通事故现场开展救助。如果救助责任主体耽误救助时间，导致更大的伤亡，应当承担相应的责任。交通事故救助的非责任主体特别是事故发现人或者其他路过人员，也应当在力所能及范围内积极开展现场抢救， 非责任主体未尽到自己的救助责任，应当受到舆论谴责。学校相关人员要积极配合交通执法部门进行调查处理，做好善后工作。

5. 进行心理干预

交通事故的救助，不仅有医学上的还应有心理学方面的。心理学上的救助措施，对受伤孩子的治疗康复有很大意义。为此，德国交通部公路科学研究院和多特蒙德大学心理学专业的专家教授进行了长期大量的分析研究，提出了交通事故的心理学救助四项措施：一要使事故受伤学生知道，他们在这里不是孤立无援的。为稳定孩子急剧波动的情绪，应对惊恐的伤者讲："我一直待在你这儿，直到救护车来。"这样可减轻孩子的心理负担，使其有绝处尚可逢生的希望。另外受伤学生也急欲知道是否采取了什么具体措施。例如救护车是否已在途中等。二要呵护好受伤学生，不让其被围观。陌生好奇的眼光对他们会产生不良刺激，观众的喁喁私语对未成年人的惶惊心态会产生负面效应，对围观者应劝其散去。三要寻找合适的体位使受伤学生惬意而不致疼痛，并与伤者保持适当的身体接触。救护者对伤者身体无疼痛的轻微接触，能使伤者得到温暖和抚慰，例如轻握一下手、拍拍肩膀等友好爱抚动作。同时不要站立，以缩短和伤者的感情距离，通常是跪蹲或俯身于伤者身边。如伤者衣服过紧而不舒服，应小心翼翼予以放松；如衣服撕烂，身体裸露或天寒时，应盖上被单。四要讲与听。讲话能使受伤学生感到一吐为快，特别是经历了生死浩劫的惊吓之后。如果他们讲话，要耐心地倾听。现场救护人员应以亲切柔和的语调讲话，即使对失去知觉者也应这样，绝对不许有斥责之声。

需要注意的是，在微观学校交通安全事故的救助过程中，要坚持几个原则。迅速全面的报告原则。要求一要速报，即在第一时间报告给有关部门特别是教育主管部门、交通事故处理大队、120 急救中心等部门；二要全面，即要尽量将交通事故发生的时间、地点、原因、程度、情况、什么人等因素进行报告。再确认原则。在学校交通安全事件处理救助过程中，要保持镇定、自信的心态，为避免错报信息，迅速进行再确认，以保证救助工作准确无误地进行。科学、果断行政原则。在救助过程中，要科学果断传递信息，进行行动抉择，甚至可以采取行政命令方式迅速处理，避免因无谓的协调而造成行动迟缓，造成不良后果。责权集中原则。在处理突发的学校交通安全事故时，要明确责任，将责任归于决断者，谁决断、谁负责，从而使责权高度集中统一。

（三）学校交通安全救助机制建立的基本条件

学校交通安全机制建立要创造的基本条件是思想条件、组织条件、司法条件、经济条件和应急预案条件。

1. 思想保证

要加大对《中华人民共和国道路交通安全法》的宣传力度，树立人们对学校交通安全社会救助正确的认识观。在当今各类媒体共存的信息社会，靠过去陈旧的、单一零散的宣传方式已无法达到理想的宣传效果，我们要充分利用电视、电台、网站、报刊等主流媒体对《中华人民共和国道路交通安全法》进行强有力的、滚动式的宣传，对社会救助这块要开辟专栏，还要根据不同的对象，不同的救助内容，做到宣传的多样性，力争做到宣传的创新。如在农村，可以进行交通事故社会救助图画巡回展出，在学校进行社会救助知识讲座，在社会上组织进行有关社会救助方面的知识抢答赛，在电视上进行面对面的访谈节目，等等。形成上下互动的活跃气氛，让人在耳目一新中获得教益。

2. 经济保障

要强化政府职能，建立学校交通事故社会救助的经费物质保障体系。学校交通安全社会救助体系必须要有一定的经济实力作为支撑。由于受经济的制约，现在社会救助面临着经费严重不足的困境。因此，建立一个实用的经济保障体系就刻不容缓。经济保障体系的基本思路应以政府支持为主导，市场经济为调节，全社会义务支持为补充。政府应根据当地的实际情况，对学校交通安全社会救助经费支出进行专项预算与筹集，作为社会救助的基础资金。同时，以《中华人民共和国道路交通安全法》为依据，以交通安全协会和社会救助基金为平台，向社会相关部门、单位、个人筹集资金，如汽车生产厂家、销售商、保险公司、车主、驾驶员等，为学校交通安全救助机制正常运行提供经济保证。

3. 组织保障

加强部门之间的联动，以县为单位，条件成熟后要以地或市甚至省为单位，充分整合安全资源，成立学校交通安全社会救助中心。救助中心是在各级政府的领导下，通过整合公安、交通、消防、部队、财政、劳动、保险等部门安全资源，组成一个在当地有权威性的救助指挥部，承担对交通事故社会救助工作的指挥与协调，组织对伤员的运送和急救，保证现场救助和医院救助的畅通。"110""120""119"多警种、多部门联动，尤其是"119"消防部门本身肩负着抢险等社会救助的职责，配有现代化的破拆和扩充工具，且具备专门知识，能确保交通事故现场救助的快速及时。医院需有专门的救护队和在乡（镇）、县、市建立三级救助中心，以确保对伤员及时治疗和手术抢救。保险公司应根据《中华人民共和国道路交通安全法》的规定，改革内部管理制度，成为学校交通安全社会救助中心的主角，以确保社会救助的费用依法及时得到给付。

4. 司法保障

建议成立交通法庭。交警部门对交通事故做出事故认定书后，即将案件移至交通法庭。交通法庭应该是低诉讼成本的，尤其是应先不予交纳诉讼费用，以保证当事人打得起官司。这样交通法庭能够充分运用法律赋予的如权力诉讼保全、强制执行等手段，来保证学校交通事故受害人获得社会救助。而且成立专门的交通法庭，也是我国现代法制化建设的需要。

5. 应急预案

学校根据各地、各校实情制订的学校交通安全救助预案，要求救助组织和责任人员明确，经费条件落实，医疗机构和医务人员具体，救助制度健全，组织指挥人员到位。学校交通安全救助预案的科学制订和实施也会在交通事故发生时发挥作用。

（四）建立学校交通安全救助机制要注意几个问题

在建立学校交通安全救助机制中，要注意解决和明确几个问题。

首先，交通事故发生导致的伤害往往不是重伤就是死亡，并且群体性伤害较突出，处理交通事故经费往往比较高。所以学校交通安全救助机制的建立要注意储备一定的财力、物力，这是交通安全救助机制的特殊要求，也是救助机制能够正常运转的必要保障。

其次，学校交通安全救助机制的建立要注意学校的主导作用和社会家庭的重要作用的发挥，特别是要建立学校与交通管理部门、医院、保险公司的密切联系，充分发挥他们在学校交通安全事故救助中的特殊的重要作用。

最后，在交通安全救助机制中，要明确交通安全救助坚持的几个原则：① 先人后物原则，即先抢救受伤人员后抢救财物；② 先重后轻原则，即先抢救重伤人员后抢救轻伤人员；③ 先他人后自己原则，即驾驶员、乘务员等要积极组织抢救乘客，不能顾自己而不抢救别人；④ 科学救助原则，即遇到伤员被挤压尤其是在车辆内，不要生拉硬拖，而要视情况，采取机械拉开或切开车辆等办法抢救伤员；⑤ 先未成年人再成人原则，即在同样的伤害者中，要首先救助未成年人特别是幼儿或小学生；⑥ 及时救助原则，即出现交通安全事故要迅速拨打 120 急救电话，争取抢救生命的时间，要维护好事故现场，迅速拨打 110 电话，要对伤员进行必要的及时抢救和包扎。安全救助机制建立和运行的核心是“及时抢救，拯救生命”。

第二节　学校饮食安全救助机制

“民以食为天，食以安为先。”作为人的生命物质载体——身体健康的直接关联——饮食安全，早就为人类所关注。近年来，由于学校饮食中毒事件的频繁发生，导致影响学生身体健康的学校饮食安全问题越来越受到重视。各级部门迫切要求对学校饮食安全进行全面的科学研究，制订切实的预防机制和救助机制，以保障学校饮食安全的绿灯长明。

一、学校饮食安全事故的现状与种类

（一）饮食中毒现状

2006 年 9 月 1 日，崇州市一小学学生在学校食堂用午餐，有

部分学生吃了食堂的凉拌白肉后出现腹泻、腹痛、高烧、呕吐等症状，到下午3点，就有45名学生被当地医院确诊为急性胃肠炎。

2006年9月5日，绵阳安县部分初中学生食用了学校食堂前一天没有卖完的菜后，晚上开始，该校60多名学生陆续出现发烧、头痛、腹泻等症状。

2006年9月8日，大邑县某小学有3名学生出现腹泻发热现象。到9月9日上午，陆续有67人前往医院治疗，经临床初步诊断为急性胃肠炎。

2006年9月14日晚，内江市东兴区某初级中学的学生吃晚饭时，在学校食堂吃了土豆、茄子和藕等。当晚9时晚自习后，一些同学加餐又吃了包子。不久，有同学感觉胃不舒服，肚子痛，有同学还有呕吐、头昏等现象出现。到凌晨2时许，有20名学生出现肚痛、呕吐、头昏等症状而住院治疗。

在同年9月份开学第一周内，成都市彭州发生了一起学校群体性菌痢，绵阳市盐亭县也发生了群体性胃肠性感冒。四川在开学不到两周发生6起饮食中毒事故，其中成都市就陆续发生两起饮食中毒事故，占四川一个月之内发生饮食中毒事故的50%。

在2007年，西部其他省从9月到12月，先后发生三起饮食中毒事件。

2007年12月15日，广西平果县一家农村幼儿园部分学生午饭后出现集体呕吐症状，随后，在幼儿园吃午饭的68名学生和几位老师都被送到县人民医院治疗。经当地卫生部门检测，事故原因是当事人吃了没有煮熟的四季豆所致。

2007年9月19日，甘肃省武威市某幼儿园部分儿童出现发烧、呕吐、肚子痛等症状，经当地卫生部门初步诊断，该幼儿园发生疑似饮食中毒，20日就有260名患儿入院接受治疗，其中244名患儿症状明显减轻，另外16名患儿持续发烧、病情较重。

2007年12月27日晚，云南省富源县某中学81名学生午饭吃过四季豆后，于27日晚7时许出现了呕吐、头晕等症状，出现疑似饮食中毒症状，有248名学生陆续进入当地医院、卫生院进行观察治疗。

2006 年，四川接连发生的六起学校学生集体饮食中毒事故都在 9 月，是否预示 9 月份是饮食中毒的高发月份，也是消化道、肠胃疾病多发的季节？而 2007 年西部其他有影响的三起重大饮食中毒事故一起在 9 月，两起发生在 12 月份。所以，我们是否可以得出这样的结论，第三季度是学校集体饮食中毒的高发季节。这就引起了我们对学校饮食中毒特别是第三季度学校可能发生饮食中毒特点即“第三季度特点”或者“九月现象”的思考，“第三季度特点”或者“九月现象”的出现到底是自为性还是人为性，是我们值得研究的重要课题。

（二）饮食中毒调查统计

为了摸清学校饮食中毒情况，我们已通过正常渠道到西部某省卫生防疫部门就 2000—2003 年发生的学校饮食中毒情况进行了调查，现从不同的角度统计如下：

(1) 不同类别学校饮食事故统计。我们从西部某省区主管部门查到的统计数据看到，在饮食中毒学校中，中小学所占的比例最大。学校饮食事故多发生在中专校、中小学、幼儿园等为学生提供集体就餐的学校。其中中小学最多，占 78.95%；中毒人数为最多，占 81.4%。

(2) 饮食中毒类别。凡是发生饮食中毒，通过防疫部门化验结果分析，引起饮食中毒的原因很多，归纳起来主要有五类。

第一类是细菌性饮食中毒。这是指人们摄入含有细菌或细菌毒素的食品而引起的饮食中毒。引起饮食中毒的原因中，最主要、最常见的原因就是饮食被细菌污染。据我国近五年饮食中毒统计资料表明，细菌性饮食中毒占饮食中毒总数的 50%。细菌性饮食中毒季节性不那么明显，一年四季都可能发生。

第二类是真菌毒素中毒。这是指真菌在谷物或其他食品中生长繁殖产生有毒的代谢产物。人和动物食用这种毒性物质发生的中毒，称为真菌性饮食中毒。真菌生长繁殖及产生毒素需要一定的温度和湿度，因此真菌性饮食中毒往往有比较明显的季节性和地区性。

第三类是动物性饮食中毒。这是指学生食入动物性中毒食品引起的饮食中毒。动物性中毒食品主要有两种：一是用天然含有有毒成分的动物或动物的某一部分做食品，误食引起中毒反应；二是在一定条件下产生了大量有毒成分的可食动物性食品引起中毒。

第四类是植物性饮食中毒。这种情况主要有三种：一是将天然含有有毒成分的植物或其加工制品当做食品，如桐油、大麻油等引起的饮食中毒；二是在食品的加工过程中，将未能破坏或除去有毒成分的植物当做食品食用，如木薯、苦杏仁等；三是在一定条件下，不当食用大量有毒成分的植物性食品，如鲜黄花菜、发芽马铃薯、未腌制好的咸菜或未烧熟的扁豆等造成中毒。最常见的植物性饮食中毒为菜豆中毒、毒蘑菇中毒、木薯中毒。

第五类是化学性饮食中毒。食入化学性有毒食品引起的饮食中毒即为化学性饮食中毒。此种类别主要包括：误食被有毒的化学物质污染的食品；食用添加非食品级的或伪造的或禁止使用的食品添加剂、营养强化剂的食品，以及超量使用食品添加剂而导致的饮食中毒；因贮藏等原因，造成营养素发生化学变化的食品，如脂酸败造成中毒。

（三）学校饮食中毒事故的种类与典型

学校学生中毒事件层出不穷，主要中毒事故的种类和典型如下。

(1) 农药残留物中毒。2002 年 9 月 18 日晚，某市艺园学校 97 名学生食用残留有农药的四季豆、青椒引起饮食中毒事故。经卫生部门积极救治，患者全部痊愈。

(2) 食用兽药残留物中毒。2002 年 5 月 29 日晚，某市卫校发生“瘦肉精”中毒事故。该日中午 12 时学生喝了猪肺汤后，出现胸闷、手颤、乏力等症状，8 人入院治疗。

(3) 误用有毒物质中毒。2003 年 9 月 5 日，某县师范学校的学生吃完早餐后，在第一节课时陆续有多名学生出现头昏、呕吐、头痛症状，被送医院救治，经查是学生食用的辣汤、包子所致，经检测为食堂误用亚硝酸盐，把亚硝酸盐当成食用盐引起的饮食中毒。

（4）食用不合格食品中毒。2003 年 5 月，某县一小学为庆祝“六一”儿童节，买下 20 袋 50 公斤已超过 6 个月有效期的“红双喜”酥心糖分发给学校 312 名学生，92 名学生食用后出现头痛、腹痛、乏力、发热等中毒症状。

（5）误食有毒植物中毒。2003 年 6 月 10 日，某省师范学校师生在校午餐后有 41 名学生出现中毒症状。经调查每人食用了米饭和扁豆角 2～4 两。中毒原因为扁豆角加工不当。

（6）食品加工不当中毒。2001 年 6 月 14 日，某省铁路中学学生集体食堂制作的凉菜因加工及贮存不当，造成 195 人饮食中毒，无死亡。致病菌为摩根氏变形杆菌。2001 年某省南海市南庄中学学生集体食堂加工不当，造成都柏林沙门氏菌交叉污染引起 81 人中毒，经抢救无死亡。

（7）食品受到微生物污染。2004 年，某市一小学 43 名学生在校饭堂午餐后先后出现腹痛、腹泻、呕吐等症状。据查是由于食堂未煮熟外购的鱼、肉丸，金黄色葡萄球菌造成饮食中毒。

（8）食品受到污染及加工不当中毒。1994 年 5 月 10 日，某奶厂生产专供学生的豆奶品 8 600 余袋，于 11 日晨 3 时许向各学校送货。学生 9 时饮用。11 日 11 点 30 分以后 1 345 名学生陆续发病，413 人住院，无人死亡。

（9）餐具不洁与食品交叉污染中毒。西部某学校一学生在进餐后约 30 分钟出现腹部胀痛、恶心、腹泻和乏力等症状。随后，该校陆续出现此种症状 81 人。现场调查发现，食品加工过程中，海产品、蔬菜和餐具置于同一池内清洗，食堂无餐具消毒设施，盛放熟食的容器和餐具生熟混用，当日午餐剩余的熟食混在晚餐同种菜肴内加热不充分，生熟食混放在同一冰箱内，造成原料污染和生熟交叉污染。

(10) 故意投毒。2003 年 12 月，某省一学院东校区，学生早晨 6 点 50 分在学校第三食堂食用早餐后，10 分钟后有学生陆续出现呕吐、腹痛等症状。有 58 人中毒到医院就诊，1 人死亡。从两份中毒患者吃剩下的“切粉”中检出毒鼠强，从盐、味精以及卖剩的“切粉”中检出毒鼠强。

(11) 原因不明饮食中毒。2002 年 5 月 15 日，某市一中学一名学生出现头痛、腹痛、腹泻症状。截至 18 日共有 21 名学生发病，发病原因不明。

(四) 饮食事故成因分析

常见的学生饮食中毒种类很多，成因极其复杂，但是概括分析起来有以下七个方面的原因:

1. 时间因素

根据调查和数据统计，虽然学校饮食中毒的事件频频发生，但是在时间季节上却有一定的规律。一年之中的第三季度为最多，三季度中的 9 月和 10 月发生最多。这是因为学校发生的饮食中毒主要是细菌中毒。9、10 月份中小学开学进入秋季学习，我国西部地区属于大陆性气候，这时仍然高温湿热，细菌繁殖迅速，导致饮食变质快，学生食用极易发病。

2. 健康教育因素

饮食教育比较薄弱。调查中我们发现了一个有趣的现象，在我们走访的 200 名中学生中，有 180 人，也就是 90% 的人声称自己是注意饮食卫生的，但是由于受西部农村经济条件的限制又有 60% 的人认为数量、价格最重要。这说明学生已经意识到了饮食卫生的重要，但是，学校在食品卫生方面的教育还不够深入，没有细化落实到学生饮食的实际进餐中。小卖部的食品依然是学生的最爱，特别是油炸类食品的脆香对学生的诱惑大，学生吃得津津有味、爱不释手。但是，这些食品只能满足学生一时口感，不能提供学生身体成长所需的营养。而且，学校与城市的距离较远，运输时间较长，食品存放较久，新鲜程度也成问题。

偏爱口味，忽视健康。我们对学生食用的小食品进行了重点调查，调查了学生情有独钟的小卖部——“学校第二伙食团”。调查问卷结果显示：学生上午购买的占 12%，中午购买的占 28%，下午购买的占 64%，晚上购买的占 4%。在小卖部购买的占 28%，在流动商贩处购买的占 4%，在商店购买的占 20%，在超市购买的占 64%。学生购买饮料的占 18%，购买食品的占 52%，购买菜肴的占 8%，购买零食的占 36%。食品的“三证”情况是：有“三证”的占 88%，无证的占 4%，不清楚的占 10% ，不全有的占 6%。学生一天内购买小食品所用金额 0.5～1.00 元的占 46%，1.00～2.00 元的占 34%，2.00～3.00 元的占 8%，3.00 元以上的占 12%。学生喜欢小食品味道型的占 26%，营养型的占 60%，吃饱型的占 2%，无所谓的占 20%。学生认为食用小食品对身体健康有帮助的占 56%，没有帮助的占 10%，对身体有害的占 8%，不知道的占 26%。由此可知，学生食用小食品的隐患不容忽视，学校不能为了一时的经济利益，让学生对小食品恋恋不舍。

3. 习惯因素

吃菜类的习惯。我们对学生喜欢菜肴烹制类型的调查中，得知喜欢吃炒菜的占 64%，卤菜的占 20%，凉菜等的占 16%。这类烹饪菜肴的卫生质量和营养质量都不是最好的，容易产生未熟不能消除毒素和有害细菌不能杀死的情况。

吃水果的习惯。在对学生喜欢吃的水果的调查中，草莓和葡萄居多，因为本地就出产这两类水果，不用钱去买，分别占 36% 和 20%，远远高于苹果和梨子的 16% 和 4%。草莓和葡萄容易被果用农药污染，如果洗不干净，容易对学生的饮食造成不利影响。

在对学生吃水果进行清洁处理时发现：直接食用和有时洗净、去皮，有时没有洗净、去皮的分别占 4%。这样，果皮上沾染的有害细菌和病菌，或者果皮上沾染的残留农药就会进入学生身体，造成肠胃不适，引起腹泻、腹痛，严重的会引起中毒。在对学生吃水果新鲜程度的统计中发现：有不新鲜的占 16%。不新鲜的水果，已失去应有的营养成分，或许里面已有变质的部分，学生食用仍然对身体有害。

吃生菜的习惯。在对学生食嫩豌豆、嫩玉米、生萝卜的统计中分别占 12%、32%、28%，这类生饮食都含有一定的毒素，过多食用一定会引起中毒。在对学生生食植物蔬菜的清洁处理调查情况是：清洗干净的占 80%，没有清洗的占 0%，有时清洗的占 16%，清洗不一定很干净的占 4%。

饮用生水的习惯。在对学生饮用水的调查中，我们发现学生饮用井水的占 60%，自来水的占 16%，桶装矿泉水的占 8%，瓶装矿泉水的占 16%。在对学生饮用清洁水的调查中发现，饮用的水有点浑浊的占 24%，水中有寄生虫的占 4%，水中有杂质的占 40%，水的味道不正常的占 28%。在对学生饮水主要来源的调查统计显示：饮料占 20%，自来水占 32%，自带水占 44%，学校提供的开水占 4%。

在对学生饮用瓶装饮料的情况的调查中，我们发现很喜欢喝的占 60%、不喜欢喝的占 12%、有特别爱好的占 28%。有生产厂家的占 40%，没有生产厂家的占 60%。在保质期内的占 52%，超过保质期的占 32%，没有注意到的占 16%。

食用自制菜饭的习惯。西部农村学校的学生，由于不少家离集市、场镇远，购买肉食、蔬菜不方便，家庭自制肉食、饭菜，是一种很普遍的现象。我们在对学生吃自制烧烤类食品的调查中，发现学生吃过的占 100%，喜欢吃的占 30%。在对吃自制腌腊肉类食品的调查中统计得知，学生吃过的占 100%。在对吃自制凉菜的调查中；学生吃过的占 100%，且喜欢吃的占 50%。在对吃自制泡菜调查的统计显示，学生吃过的占 100%。在对吃自制腌菜的调查中显示，学生吃过的占 32%。在对吃野菜的调查中显示学生吃过的占 56%。20% 的学生把家庭自制的饭菜用瓶子或小盅装到学校吃。农家自制的饭菜很多是不符合卫生条件的。学生 6～7 点钟起床，把饭菜装在瓶子里密封，到了中午拿出来吃，本来这些饭菜就不新鲜，再加上 5～6 小时的封闭，营养消失，有的产生了有害细菌和毒素，学生食用了肯定会产生不良影响。我们看过不少山区、丘陵地区学生，他们的个头比同龄的城市学生矮，他们的身体素质低于同龄的城市学生，其饮食构成及饮食卫生是主要的原因。

在调查中我们还发现，学生对当地的野菜和野生菌有所偏爱，学校食堂和学生家庭也在夏秋季节制作给学生食用。野生菌和野菜是否有毒，从表面不易测查，食用后的中毒事件不在少数，一定要警惕、慎用。

4. 从业人员因素

学校食堂经营应由当地卫生部门出具卫生许可证。调查结果显示，学校食堂办证率达到 8.5%，查体、培训率为 60.8%。食堂从业人员专业素质是卫生保健的关键因素，但是，他们大部分学历低，很多人员没有接受过专业培训，还有的是临时小工。据统计，从业人员有初中文化的占 70%，小学文化的占 15%，高中文化的占 14%，大专文化的占 1%。他们从事这项工作前后，只有 75% 的人员受过专业培训。从业人员的个人卫生习惯也不容乐观，相当一部分工作人员作业时不规范，上岗未穿戴工作衣帽，留长发、染指甲者占 42%。这样的构成导致素质低下，饮食卫生的意识相对淡薄，卫生隐患常被忽视，工作过程草率、马虎，很难达到高质量的卫生要求。学校饮食事故的发生本质上是人的因素，这种人的因素主要指从业人员的因素。

5. 卫生设施因素

我们在对西部某区县的 20 个学校食堂的调查中发现，90% 以上的学校食堂存在卫生问题。这些问题主要存在于食堂卫生的各个方面。如食堂天花板上有比较多的灰尘，厨房上空蜘蛛结网长久没有扫除，灶台瓷砖破损，藏污纳垢，地面脏水污渍，桌上有剩饭、米粒和杂物。有的咸菜已经发霉变质，蔬菜不新鲜，有陈腐烂叶，散发出一种难闻的气味，整个食堂有一种霉味，人在其中很不舒服，有想作呕的感觉。食品卫生问题尤为突出，如生食和熟食混杂，生食刀具和熟食刀具不分，生食菜板和熟食菜板不分，冷藏设备、冷冻设备不够。这样，食品不卫生，环境不清洁，极易滋生大量有害病虫、带菌动物和有害细菌。这样，造成学生疾病的概率也就大。

学校食堂的“三防”设施、洗消设施和冷藏设施及污水排放设施合格率不高，分别为 73.3%、80%、53.3% 和 40%。调查发现有些学校食堂防蝇纱窗破损未及时修复，天窗无防蝇窗纱，消毒设施不齐全，没有按规定的时间对炊具和食堂环境进行消毒。刀、案生熟标志不明显，部分食堂功能间区分不明确、设施不齐全，设计不合理；垃圾桶与厨房、餐厅距离很近，垃圾没有及时清除，滋生的苍蝇、老鼠、蟑螂、蚊虫到处乱飞、乱爬，造成细菌的繁殖、蔓延和传播，极易污染蔬菜、瓜果、食品和食具，严重影响学生饮食卫生和学生的身体健康。

6. 食品管理因素

食品采购和索证因素。从我们调查的 20 家中小学食堂情况来看，食品采购索证情况也不理想。有半数进货渠道不固定、登记不齐全，有的还存在有一定数量的“三无”产品、伪劣产品，很难保证食品的卫生条件达标。这样的食品和油料是属于低质和有害的，学生食用后定会影响身体健康，严重时可引起学生急性食物中毒。

食品卫生质量因素。一方面在我们调查的 20 个食堂中，有 3 个食堂存在有过期变质食品，2 个有劣质调味品，2 个存有工业用纯碱，4 个食堂存有发青的土豆，有些加工好的食品感观性状不好。另一方面在我们调查的 10 所学校 450 名学生中，有 321 个学生自带泡菜、腌菜、酱菜、豆豉、豆腐、大头菜、萝卜干、腊肉等蔬菜和肉食到校食用。我们通过观察发现有 205 个学生自带的泡菜、豆豉等蔬菜存在不同程度的变质。食堂饭菜的变质和学生自带饭菜的变质，都会严重影响学生的身体健康。饮食、蔬菜、清洗因素。在学校饮食事故发生的根源中，不少是由于加工过程造成的。根据 1998 年学校饮食中毒调查，中毒原因为蔬菜残留农药和污染食品病菌的占 76%。2006 年某区县发生的 6 起饮食中毒原因是，学生食用了含有农药、亚硝酸盐、生四季豆、有毒土豆、有毒菌类等有毒菜肴或饮食。从业人员由于学校食堂用菜量大，时间紧急，就没有按照一清二洗三消毒的工作程序进行认真的清洗、制作，没有把蔬菜中的残留农药、腐败变质的部分清除，造成饮食中毒事件的发生。

7. 故意投毒因素

在我们搜集的学校饮食中毒事件中，还有部分是有人故意投毒引起的。由于有人对学校的领导或者对食堂承包人有冤仇，或对某位学生家长有恨，于是采取极端的做法，趁人不备，用不同方法投毒，造成中毒事件。

二、学校饮食安全救助机制的建立

万无一失是很难做到的。当预防失败，救助就举足轻重，不可缺少。救助是学校饮食安全的最后一面保护墙。事故越大损失越大，负面影响越大。如果救助及时有效，造成的损失就会减小，负面影响就弱。预防与救助是保障学生身体健康的两翼。强劲有力的两翼支撑生命之躯自由飞翔，飞向人生的蓝天彼岸。

（一）学校饮食安全救助机制概念要素

1. 饮食安全救助机制的内涵

“饮食安全救助机制”是指一旦发生饮食安全事故之后，为最大程度地减少受害者生命财产损失而展开的抢救和帮助系统。饮食安全救助机制包含两个方面：一是对受害者的及时生命抢救机制，二是对受害者的后续帮助，其作用是通过救助机制让学生生活、生命恢复正常。

2. 饮食安全救助机制的外延

饮食安全救助机制的外延是从饮食、安全、救助三个关键词的联合意义来说的。由于饮食安全事故发生的时间、地点、季节、类型、轻重等方面的不同，救助的方式方法也相应不同。在地域上有家庭救助、校内救助、医院救助；在人员上有自我救助、他人救助（家长、同学、老师、医生或其他人员救助）；在归属上有业余救助、专业救助；在时间上有及时救助、缓时救助、延时救助、长时救助；在救助的方法上有简单救助、复杂救助。救助涉及的人员、时间、方式、技术、对象都是救助的外延组成部分。

3. 饮食安全救助特点

由于学校的性质和饮食构成的特殊性，学校饮食安全救助对象特别是未成年人学生作为一个特殊的群体，学校食堂或者小卖部作为一个特定的场合，使学校饮食救助具有以下特点。

（1）救助时间不确定性。在学校行课期间，食堂三餐供应学生饭食，小卖部全天营业。什么时候发生饮食安全事故、怎样知道发生饮食安全事故、发生了什么样的饮食安全事故都有突然性。它就可能导致救助初期的措手不及，让救助处于忙乱之中，严重影响救助的方法、速度和效果。

（2）事发原因不明确性。一般说来，饮食中毒的病状具有相同性，如呕吐、头痛、腹痛、腹泻、头晕等。教师或学生一般都缺乏判断或者救助专业知识和专业技能，不能在最短的时间内判断病情、诊断病因，实施有效的救助，可能导致救助无效和低效。

（3）救助条件不具备性。教师的主要任务是教书育人，教学是学校的主旋律。学校在教学方面投入的资金、精力、硬件设施、软件部分要充足一些，在安全救助方面除了医务室有些简陋的医疗设施外，几乎没有其他对重大伤害的救助设施和药物，救助的方法简单，甚至不科学，对中毒严重的学生可能无能为力。

（4）救助技术不全面性。饮食安全救助需要一定的专业技术和专业技能。由于很多农村学校特别是小学根本没有医务室，甚至连兼职的校医都没有，不能开展正常、正规的救助，老师们在救助的紧急情况下采用简单、肤浅、表皮的办法，结果常常事与愿违。

（5）事故发生突发性。学校饮食事故发生的时间一般不会潜伏很久，大都在半小时到 1 小时之间。其突然性、急发性、急剧性令领导和从业人员及师生感到突然，使救助处于茫然状态，这都会影响救助的效果和救助的成功。

（6）事故发生规模性。学校食堂具有规模，对应的师生少则几百人，多则上千人。一旦出现饮食中毒事故，加上心因感应，就可能诱惑几十人甚至几百人有中毒反应，学校很难开展有针对性的及时救助。如果救助时间延迟，就可能导致事故的扩大化和严重化，甚至导致死亡发生。

（二）建立学校饮食安全救助机制的必要性

学校发生了饮食安全事故，不管从人道主义的角度、从人性本能的角度，还是从学校管理教育者的责任来说，都必须立即启动救助机制，进行主动的、积极的、科学的、有效的救助。

（1）饮食安全救助的可行性。只要掌握了一定的方法，采取了有效的方式，学习了一定的经验，如开展饮食安全救助主题教育，举行专题饮食安全救助技能训练，建立救助组织并落实责任等，具备这个条件和基础，救助机制才能启动，救助才能随即生效。

（2）饮食安全救助的必要性。善良人性的慈悲情怀让我们珍视生命。学校发生了饮食事故，不管出于何人责任，处于何种状况、何种地位的人员，知晓后都应该立即采取行动，加入救助的行列。不管出于何种原因的消极、怠慢、迟缓，都是人性的残缺，德行的丧失，本能的扭曲。如果对事故无动于衷，后果无法估计。

（3）饮食安全救助的有效性。由于饮食安全救助机制的运行，可以大大减轻事故的危害，减少事故的损失，饮食安全救助机制包括救助条件创造、救助方法选择、救助措施得力、救助各方配合等。有效饮食安全救助机制是保证救助获得高效的前提。有效管理是获得救助效果的保障。人的全面素质是救助获得绩效的关键。

(4) 饮食安全救助的意义。饮食安全救助机制的建立与运行，可以提高管理层次和水平。饮食安全救助也是安全管理的重要方面，饮食安全救助工作做得好自然丰富了安全管理内容，影响其他项目的管理，其他项目由此得到启示和借鉴，学校整体管理水平得到提高。可以全面提高安全意识。树立全程防范、全方位防范、全程安全、全方位安全的意识，并由此产生涉及保证全程、全方位安全的行动，同时可以提升全员素质。人的素质包括方方面面，安全素质包括思想、观念、知识、技能。救助让师生和从业人员丰富了知识，更新了技能，提高了生活品质和生命质量。可以触生慈悲情怀。当别人的生命遇到危险、身体出现危害时，出现于积极的救助行列是人们美好情操的体现，是人间关爱的再现，是人性中美好底色的闪光，也是个体人存在的印记。

（三）学校饮食安全救助机制的构成要素

学校饮食事故救助构成是指学校发生饮食事故后，对事故对象进行救治和帮助的组织程序、方法和措施等。它的构成有四个方面的要素。

1. 主体要素

主体要素反映的是“谁”在进行学校饮食事故救助。其主体可以分医疗部门和学校两方。医疗部门可划分为镇、县、市、省、国家五级医疗部门和有关医生，这些主体主要是根据事故反映出来的性质或严重程度所进行的专业性的现场或者后续的带有对生命进行拯救性质的责任性救助；而学校则主要是向上级部门报告病情，保护现场并根据现有条件进行简单的辅助性责任施救。由于饮食事故的突发性和严重性，救人是学校压倒一切的工作，学校所有目睹者、知晓者特别是校长、教师都是救助的主体，每一个人特别是学校的教师，需要时甚至学生都是救助主体，都责无旁贷。医疗部门和学校主体密切配合是有效开展救助的关键和前提。

2. 技术要素

发生重大饮食安全事故后，学校或者医疗、防疫部门应立即采集样本，请有资质的检测机构按相关标准实施检测，为重大食品安全事故定性，为有针对性地治疗提供科学依据。技术要素是保证有针对性治疗的条件，也是为今后有效预防类似事故发生的有效依据。

3. 方法要素

发生重大食品安全事故后，教育主管部门、医疗防疫部门和有关学校应当保障重大食品安全事故现场救助或后续帮助所需医疗设施、设备和物资、交通工具甚至通信工具、现场救助和后续帮助特别是住院治疗所需资金和医疗条件。物资要素是救助工作顺利进行的保证。

（四）建立学校饮食安全救助机制的条件保证

建立学校饮食安全救助机制的条件保证是指在实施救助过程中所必需的物资、人员、方法、技术等条件的完备和充分。救助是需要条件的，条件的具备是救助成功的主要因素。

1. 观念确立是救助的前提

学校饮食安全救助机制的建立是在观念意义上的行为。因为观念指导行为，观念导致行为，观念决定行为。有什么样的饮食安全救助观念，就会建立什么样的饮食安全救助机制。饮食安全救助观念是意识领域的问题，饮食安全救助机制是操作实践上的问题。只有有关权力主体确立科学的饮食安全救助观念，特别是确立“以人为本，和谐发展”“人命关天，生命第一”的饮食安全救助观念，才能切实采取措施，提供切实条件建立完善的、高效的饮食安全救助机制。

2. 学校行动是救助的保障

发生饮食事故后学校立即处于一片恐慌忙乱之中，如果没有学校领导的统一指挥，全面布置，后果不堪设想。由于慌乱，常使救助不得法，没有组织的救助往往事与愿违，不仅影响救助的效果，还会酿成更大的事故，产生更大的副作用。启动学校救助机制，实施救助预案，调动各类人员，利用各种条件，采取有组织的行动，让救助在紧张中有条不紊地进行，进而取得救助工作的最后胜利。

3. 主管部门是救助的条件

饮食事故人命关天，不能隐瞒，一定要在最短的时间内上报主管部门。学校面临此事故，势单力薄，缺乏力量与办法。上级部门在人力、财力、技术力量等方面的支援更便利，更得力，更有效。主管部门及时调动各单位相关人员，组成急救专业队伍，发挥专业组各自的专业特长，群策群力，各施高招，各用妙法，能更有效地实施救助，并使救助工作取得更大的效果。

4. 个人自救是救助的主体

由于学校饮食事故的特点一是发生的频率高，二是涉及人数多，校医无能为力。救助的指望更多地落在了老师和学生身上。学生是自救的主体。西部农村学校一般远离医疗条件好的城镇，专业救助存在时间和距离的困难，学生及时自救是取得救助成功的保障。

5. 社会部门是救助协助

“一方有难，八方支援”向来是中华民族的传统。学校饮食事故救助，除教师、医疗人员外，还需社会的协助。村乡政府人员、街道办事处人员、派出所干警、三轮车司机、出租车司机、公交车人员，包括地方闲散人员都可作为救助客体。闻之，积极反映，关切事态，用自觉的行为、高尚善良的心态，义无反顾地自愿加入救助的行列，并听从指挥和调遣，全力地投入抢救。克服是非恩怨，克服麻木不仁，克服幸灾乐祸，克服无动于衷，齐心协力的凝聚，心之共想的办法，情之共牵的倾注，全力以赴的投入，一定会让事故得到有效的控制。

（五）学校饮食事故救助机制的运行

1. 学校饮食安全救助系统

学校饮食事故救助机制的运行是救助系统内的动态逻辑过程。它是学校救助工作的有效有机联系，是分工合理、责任明确的操作技术系统。通常由病情监测、病兆识别、病源分析、事故等级评估、病情发布五个阶段构成。病情监测是救助运行的逻辑起点，是救助机制运行的基础；病兆识别和病源分析属于对病情的因素分析；事故等级评估是饮食事故救助系统的最终产出形式，根据评估得出的事故等级发布病情，对症下药，对病施救。

(1) 病情监测。所谓病情，是指饮食事故中发病的范围、人数以及中毒的轻重等情况。病情一般可以用一些基本的、重要的指标来反映。病情监测就是通过监测病情指标的变化，敏感地反映事故对象在救助过程中的异常状态，及时反馈，进而加以控制的动态过程。

(2) 病兆识别。病兆识别是饮食事故救助过程中的关键环节。所谓病兆，即是病情在孕育与滋生过程中先行暴露出来的现象，是病情爆发之前出现的先兆，如学生进食后有群体呕吐、拉肚子、头痛等现象，都可以视为学校饮食事故的病兆。病兆识别就是要辨识在疾病发生前所表现出来的各种病情征兆、诊断这些病兆的性质、有什么样的发展态势。

(3) 病源分析。病源是导致病情发生的根源。病源分析就是对数据资料进行反复的分析和论证，合理区分和分析不同病源的不同作用过程和作用效果，发现导致病情产生的真正病源的过程。在学校饮食事故救助机制中，寻找病源是制订救助对策的重要依据。产生饮食事故的病源主要是食源性疾患。凡是致病因素通过饮食进入人体，使人体患感染性或中毒性疾病的，都称食源。

(4) 病情汇报与发布。学校饮食事故救助小组经过病情级别评估后，马上向主管部门汇报情况，由主管部门指派有关专家组成员进行商谈，根据商谈的综合结论发布包括病情、治疗、调控方案在内的病情信息。病情信息可以通过校广播站、电视台、校报、教师等发布，启动饮食事故预警方案，协调组织、及时通知有关单位做好相应准备工作。对于黄色及其以上的警示级别，要及时启动救助应急机制，组织专门的机构和人员立即落实预防和调控方案。达到Ⅳ级的，应及时启动应急机制，主管部门召集有关专家根据反馈信息重新发布病情信息，及时调整方案，制订救助措施，直到病情基本消除。

2. 饮食安全救助基本技术路径

学校一旦发生学生饮食中毒事件，班主任闻讯应立即通知学校医务人员到场，派人员看守病员和发病现场，并及时向学校领导汇报，学校校长必须在最短的时间内知晓。学校要及时通知并邀请食品卫生监督机构人员和学校所在地医院的工作人员亲临现场察看、了解、处理。立即妥善安置病人，研究治疗方案和事故处理措施以及救助办法，并进行及时的救护。

（1）帮助病人排除毒素。迅速帮助病人排出停在胃里还未吸收的有毒物质。使用催吐、洗胃、灌肠或导泻的方法排除。尤其催吐法对非细菌性饮食中毒的急救非常重要。如果病人有想吐的症状，应让其立即吐出饮食，而且尽量吐得多一些。如果出现脱水症状要立即送医院。要用塑料袋装好学生的呕吐物或排泄物，把呕吐物或排泄物带去医院，让医生检查。不要轻易地给病人服用止泻药物，以免贻误病情。

注意：为防止呕吐物堵塞气管而引起窒息，应让病人侧卧，便于吐出。在呕吐时不要让学生喝水或吃食，呕吐停止后应马上给学生补充水分。留取呕吐物和大便样本，给医生检查。如学生腹痛剧烈，可采取仰睡姿势并将双膝弯曲，有助于缓解腹肌紧张。给病员腹部盖上毯子保暖，这样有助于血液循环。当病员出现脸色发青、冒冷汗、脉搏虚弱时，要马上送医院，谨防休克症状。一般来说，进食后短时间内即出现这类症状，往往是重症中毒。如果中毒学生出现抽搐、痉挛症状时，应马上将病人移至周围没有危险物品的地方，并取来筷子，用手帕缠好塞入学生口中，以防止痉挛时咬破舌头。

(2) 现场调查。确定可疑饮食与中毒性质。首先查明学生在发病当天与前两天吃的什么饮食。然后查明在同一地点进餐而未发病学生所吃的是什么饮食，以确定致病的可疑饮食，根据摄入可疑饮食到发病最短和最长的时间以及临床症状和发病情况初步确定中毒性质。然后深入调查引起中毒的原因，如中毒食品的来源、质量、烹调方法、加热温度和时间、是否再污染，生熟容器、刀具、案板是否分开使用，食品贮藏的温度、时间、条件。如怀疑是活菌中毒感染者，应了解厨房工作人员有无上呼吸道感染和化脓性疾患，是否吃过发酵食品等。如怀疑为化学中毒时，应注意饮食在制作过程中有无接触化学毒物的可能性。

(3) 封存有毒饮食。立即搜集和就地封存一切可疑中毒饮食，禁止再食。如可疑中毒饮食不在本校，应追究其来源、扩散、转移单位，使同批食品都能及时封存。剩余饮食及排泄物，用 20% 漂白粉液或 3% 来苏液或 5% 石碳酸液消毒。对接触有毒食品的食具、容器、用具、设备等进行煮沸或蒸汽消毒 20～30 分钟。对传染源如患肠道传染病以及上呼吸道感染病的炊事人员应暂时调离食堂工作，并及时上报卫生防疫站。

(4) 交付专业人员。食品中毒原因的确诊需医护人员进行采样检验，学校不能擅自猜测作出结论。不能由于考虑学校的声誉，将大事化小，小事化了。学校应端正态度，积极配合，主动邀请与接受医疗单位、医务人员严格、正规、全面的分析检查，接受检测结论，学校应根据事故的发生进行多方面的反省与思考，切实采取措施，预防再次发生。

3. 学校饮食事故救助机制的基本模式

模式是系统工作主要环节的过程体现。它具有规律性和规范性，是经验的高度概括和行动的指南，为救助的启动提供行动要求与指引。学校饮食救助机制模式可以分为宏观模式和微观模式两种。我们这里以学校微观救助模式为例，提出具体的救助模式如下：

综合组。由学校校长领导并指挥，办公室负责，督察、督办或者协查饮食安全救助工作的有效开展和事故调查处理工作，及时汇总中毒事故和现场开展救助信息，及时向上级主管部门报告、通报情况，根据需要及时联系相关部门和领导，请求支援现场救助，接待记者采访，开展有舆论导向的对外宣传报道。

救治组。由分管校长指挥，学校卫生室或所在地医院或防疫部门负责，迅速组织开展现场抢救，采取有效措施，有序展开医疗救治工作；尽快查明导致中毒的原因，为中毒调查事故处理提供技术帮助；分析中毒原因及可能造成的危害，采取有效措施防止中毒事故扩大。

保护组。由学校政教处负责，迅速组织学校有关人员特别是学生，维护学校正常秩序，接待家长来访，负责家长、学生的安慰工作，在需要时要立即组织召回有毒有害食品，完成食品留样、样品送检等工作，严格控制流通渠道，防止其他意外事故发生。

保障组。由有关副校长指挥，学校总务处负责，要立即开展救助所需物资和经费的紧急概算，请求有关法律工作者提供必要的法律帮助，同时积极筹措经费，为有效开展现场医疗救助和后续帮助，为中毒事故顺利处理提供必要的物资和经费。

第三节　学校设备设施安全事故救助机制

学生在校学习和进行各种活动，离不开学校的设备设施，而这些设备设施的安全问题又和学生的人身安全息息相关，因学校设备和设施所引发的安全事故时有发生，严重影响安全和谐学校的建立和素质教育的推进。所以，本节以成都市龙泉驿区为立足点，辐射西部，通过对政府部门、学校的调查，报刊、网络等途径搜集2002—2007 年时间段中，西部学校发生的设备设施，特别是以

2000—2008 年西部学校楼道踩踏事故为重点研究对象，探讨建立学校设备设施安全预警与救助机制，为制定学校安全教育和管理政策，提供方向性、前瞻性的依据，以引领学校教育全面、和谐、可持续发展。

一、学校设备设施安全问题的现状、特点与成因

设备设施原指可供企业长期使用，并在反复使用中基本保持原有实物形态和功能的劳动资料和物质资料的总称。被借用到学校，就是指在学校中的可供学校教育特别是教师讲授、指导活动、学生学习、生活和技能训练活动使用，并在反复使用中基本保持原有实物形态和功能的劳动资料和物质资料的总称。它主要包括学校校舍、场地、设施、仪器等，其中校舍特别是供学生疏散活动的楼道，上下楼的楼梯以及学校提供给学生使用的学具、仪器设备等。学校设备设施安全事故是指因设备设施遭到人为和物为因素而致的学校伤害事故。这里人为因素是指其本身所隐藏的隐患或没有隐患而在人为的作用下所导致的学校伤害事故。物为因素是其本身有隐患或者并没有质量问题而是在自然因素作用下而导致的学校伤害事故。

（一）学校设备设施安全问题的现状

在国家日益关注安全问题的今天，安全事故的曝光率也越来越高，由设备设施引发的安全事故更是让人关注：某小学学生下楼做操时发生学生堵塞，由于楼梯承受能力有限，发生垮塌事件，造成多人伤亡；某学校因使用实验室设备不当，造成学生烧伤和实验室设备毁坏，经济损失上万元。

我们通过对所调查的学校安全事故得到这样的结果：所调查的四川省成都市龙泉驿区 2001—2005 年 839 起学校安全事故中，有 618 起都造成了不同程度的人员伤亡，其中 127 起伤亡人数在 10 人以上。对这些设备设施导致的伤害事故归纳起来，主要有如下一些表现。

1. 设备设施隐患因素导致的伤害

学校的校舍、场地、其他公共设施，以及学校提供给学生使用的学具、教育教学和生活设施、设备有明显不安全因素导致安全事故。2006 年 6 月 21 日，成都市某小学一年级学生刘某在学校吃完午餐后，与同班另一位同学在教室内戏玩。那位同学跑到教室后门的阳台上躲起来，并关上阳台门（阳台门下部为铝合金，中上部为玻璃构成）。刘某为进入阳台门，从过道上开始助跑，向阳台门撞去，造成玻璃门破碎落下，落下的玻璃碎片刚好划破刘某的左手，刘某左手指神经被划断。如恢复不好，可能导致左手无名指、小指功能丧失，甚至手部肌肉萎缩，影响其他手指安全。从个案可以看出，学校所提供给学生使用的设备设施一旦有安全隐患，当这一隐患达到一定程度后，就会导致安全事故的发生。

2. 设备设施未达到安全标准导致的伤害

小鹏（11 岁）是某小学五年级学生，2003 年 1 月 22 日 7 时 30 分左右，小鹏被兼校长的班主任叫到学校教学楼三楼的办公室，帮忙给“三好学生”奖状加盖公章。7 时 45 分左右，小鹏被人发现仰面躺在教学楼底层楼梯井部位的地面上昏迷不醒。送至医院治疗，小鹏最终经抢救无效死亡。该学校楼梯井宽度为 123 厘米，长度为 182 厘米。经鉴定，确认小鹏的死因系高坠头部着地所致。被告小学教学楼的楼梯井宽度远远超过我国《中小学建筑设计规范》中规定的楼梯井宽度不应大于 200 毫米的规定，且未采取任何安全防护措施，存在重大安全隐患。

3. 对设备设施安全预测不够导致的学生伤害

2002 年 10 月 6 日，某中学学生鲁某在上体育课当中，被一同玩耍的同学推倒在学校操场正在施工的管道沟内致伤，导致左臂多发性骨折，法医鉴定为十级伤残。

4. 楼梯拥挤导致践踏伤害事故

由于楼梯拥挤导致踩踏事故是学校设备设施安全的典型事故，

我们从 2000—2008 年有限的报刊披露和网络信息权范围内，搜集到如下关于西部 11 所学校发生踩踏事故的案例。

个案 1：2008 年 12 月 16 日上午 12 时左右，重庆市某中学初中部 3 000 多名学生参加完歌咏比赛后返回教室，在综合教学楼一楼楼梯间，由于拥挤发生踩踏事故，造成 25 名学生受伤。

个案 2：2008 年 4 月 23 日，重庆市某中心小学上午第二、四节课时全校约 800 名小学生带着凳子在操场上集会，举行演讲比赛和一个募捐活动。集会结束后，学生们将凳子放回教室。在教学楼第一楼的楼梯间内，数名学生因为拥挤发生踩踏事故，6 名小学生在事故中受伤。

个案 3：2006 年 11 月 20 日下午 4 时 10 分左右，四川省某县发生一起小学生下楼时因拥挤引起踩踏致伤事件，10 余名学生受伤，其中一学生伤势较重。如果当时有教师在场组织，是完全可以避免这一悲剧发生的。

个案 4：2005 年 1 月 17 日清晨，陕西省某初中近百名学生急着从教学楼的第三层涌向操场集合。原有的两条下楼通道有一条被锁住，学生只能拥到一条通道上，由于拥挤造成 12 人受伤。

个案 5：2005 年 10 月 17 日上午 9 时 30 分，位于新疆阿克苏市某附小的学生们正急着从教室前往操场参加升旗仪式，这时教学楼一楼至二楼左侧楼道拐角 1.5 米左右长的楼梯扶手被挤倒，正在楼梯上拥挤成一堆的学生相继跌落至一楼至二楼的休息平台上，因挤压造成 13 名小学生不同程度受伤，其中 1 名二年级女生在送到医院经抢救无效身亡。

个案 6：2005 年 10 月 5 日晚上 8 点过，四川省某小学四至六年级寄宿制学生晚自习结束后，学生刚走出教室，灯突然熄灭，楼道一片漆黑，不知是谁趁机大喊："鬼来了！"听到喊声，学生们都跟着大喊"鬼来了"。学生在慌忙下楼梯时由于拥挤造成 10 名学生死亡，45 名学生受伤。

5. 学生自身安全意识淡薄

西部某小学校午餐后，学生正在休息和打扫卫生。一名六年级同学围着花台玩。该花台四周有不锈钢钢管围栏。这名学生踩在学校严禁踩踏的钢管围栏上行走，走了几步，脚下一滑，人摔倒在花园里，双手却打在钢管上。由于该学生的手有旧疾，当场手臂骨裂。

6. 学校管理出现漏洞

2005 年 5 月 5 日，成都市某中学实验室的实验员在转移化学品（金属钾）时，因操作失误发生起火。化学品的转移有严格的规定，对很多化学品都应轻拿轻放。作为实验员，应熟知每种化学品的特性，进行严格的操作，即可避免事故的发生。

（二）学校设备设施安全问题特点

1. 事故一般都有人员死亡

设备设施不比其他安全问题的诱因，由于其自身的特点，对学生危害大，特别是楼道或楼梯安全容易引发群体伤亡。以自贡荣县的楼梯踩踏事件为例，一人的摔倒就导致最后十余人受伤。

2. 成因复杂

学校设备设施安全问题很复杂，既有设备设施本身的问题，也有学生自身以及学校管理的问题。到目前为止，设备设施安全问题发生是否有规律可循，与消防安全等研究课题相比还没有达成共识，因而给设备设施安全管理特别是预防工作带来了困难。

3. 学校设备设施安全教育和管理是关键因素

通过调查我们发现，在众多的诱发学校设备设施安全事故发生的原因中，学生安全意识淡薄占 10% 左右；由于设备设施建设未达国家安全标准占总比例的 15%；学校设备设施现状特别是环境现状或者维护现状的占 25%；学校对设备设施可能带来的安全问题预测不足的占 15%；学校设备设施自身的安全隐患约占 20%；由于学校管理不善或者管理出现漏洞的占 10%。实际上，不管是学生自我安全意识，还是设备设施本身存在的安全隐患和管理维护不当等，都是学校设备设施安全教育和管理问题，所以安全教育和管理不到位是导致设备设施安全事故的关键原因。

4. 事故发生的地点以楼梯居多

在研究中我们发现，所调查的839起安全事故中，有200多起都发生在楼道、楼梯或由于楼道、楼梯引起，占总比例的35%左右。有130起左右发生在教室里和教室四周，占总比例的25%。这充分说明这两大环境应该成为我们关注的焦点。事故发生的第三大地点出现在学生活动频繁的操场，约占18%；实验室及其他分别占10%。

5. 事故发生的年龄段以中段学生为主

从调查的案例可以看出，中小学设备设施安全事故发生在各年龄阶段均有，只是小学更突出一些。小学低年级的学生因设备设施自身因素导致的事故占78.3%；因学生自身因素发生的事故仅占21%。中段学生两种因素基本持平。而到中学高段则发生了一个较大的转变，由于学生自身主观因素导致的事故发生率占近80%，而客观因素降低到23%左右。了解这一信息，有助于我们对学生进行分段的关注。

6. 学校楼梯踩踏事故“第四季度”特点

从2000—2008年西部11所发生楼梯踩踏事故的学校中，有4所为初中，7所为小学。其中小学发生楼梯踩踏事故占整个楼梯踩踏事故的63.64%。所以，通过这一统计，我们可以认为小学是主要发生踩踏事故的学校。

在11所学校发生楼梯踩踏事故中，有7所发生在10、11、12月份即第四季度，占全部踩踏事故的63.64%，1月份占全部踩踏事故的18.18%。8月和4月各占全部踩踏事故的9%。而第四季度发生楼梯踩踏事故中，10月份就发生4起，占第四季度7所学校发生踩踏事故的57.14%。所以，通过西部学校发生楼梯踩踏事故的统计，说明了第四季度是主要发生学校踩踏事故的季度，其中10月份是最容易发生踩踏事故的月份。

二、学校设备设施事故的成因

（一）缺乏预防知识和技能

学校设备设施安全宣传教育不到位，师生员工缺乏自救训练是事故发生的主要原因之一。在我们的调查中显示，有 92% 的人认为自己所在的学校或单位很难组织或专门组织设备设施安全知识培训或讲座，有的学校也从来没有组织对师生员工的应急疏散和逃生自救教育演练，他们缺乏设备设施安全意识，遇到事故就会惊慌失措，局面失控。

（二）缺乏对设备设施的有效管理

西部学校在发生的设备设施安全事故特别是楼道踩踏事故中，共同存在的问题都是缺乏有效的管理。如主要问题是学生在课间或者学校开展大型活动后都要在较短暂时间内过分集中上下楼梯，或者学生在集中上下楼梯过程中突然遇到停电，个别学生起哄或恶作剧，学校缺乏教师有效值班或者有效组织疏散导致楼道踩踏事故。通过对非西部学校楼道踩踏事故的统计研究表明，由于学生在课间或者集会、放学过程中，过分集中上下楼道导致拥挤而发生踩踏事故 11 所，占全部学校踩踏事故的 73.33%，所以再次证明学生集会或者放学过分集中上下楼梯，缺乏有效管理是导致楼道踩踏事故发生的主要原因。

（三）缺乏对设备设施安全的研究

虽然学校设备设施原因引起的安全事故成因是多方面的，但经研究不难发现其具有规律性。如学校设备设施安全事故主要发生在低龄学生段；年龄越大的学生，因为学校设备设施自身因素造成的事故就越少。这主要是因为学生的年纪越大，一般来说，其安全意识越强。中小学生特别是小学生普遍好动，发生安全事故的几率较高。一般学校操场都离教学区有一定距离，课间或者重大学校活动或者晚上下自习，或者放学时间，学生上下楼时间比较集中，楼道成为安全事故的高发区域，这些都是值得认真总结的。

楼梯踩踏事故，尽管诱发因素很多，但是有一些共同点值得注意：第一，时间多在下晚自习或学校课间集会活动之后，学生较为集中上下楼梯，且心情急迫；第二，事故发生地点多数发生在教学楼第一、二层之间的楼梯处，第四和第三层的学生下到此处与第二层学生会合，容易形成拥挤；第三，小学学生和初中学生不易控制自己的情绪，遇事慌乱，失去理智，常常拥挤喊叫，使场面失控；第四，小学生不善于自我保护，在拥挤时滑倒、绊倒，踩空跌倒，或失掉东西或者鞋子被踩脱，而弯腰拾物或穿鞋被挤倒，造成挤压事故；第五，学生集中下楼梯时现场无教师维持秩序，或维持、疏导和指挥不力，或者由于太拥挤而疏导失控；第六，平时缺乏对学生及教师进行楼梯踩踏事故防范教育和自救训练，夜间学校突然停电又无应急照明措施，个别学生趁楼梯拥挤制造恶作剧，趁机发泄情绪或恶意取乐或有意无意推搡，致使楼梯踩踏惨剧发生；第七，夜间学校突遇停电或楼道楼梯灯光昏暗，楼梯无灯光或者视线差，个别学生因跌倒造成踩踏伤害事故；第八，由于楼层班额太多，楼道楼梯较窄，不能满足学生特别是超大班（有的达 100 余人）、超高楼层条件下学生集中疏散的楼道和上下楼梯需要而导致楼梯踩踏事故发生。

三、学校设施设备安全救助机制的研究

（一）学校设施设备安全救助存在的问题

学校设施设备安全救助时，因救助途径不清晰，救助方法不恰当，而导致对事故中的伤者未进行及时有效的救助，对事故状态未进行有效的控制，加剧损害程度。

（二）学校设施设备安全救助的主体和形式

学校设施设备安全救助主要是因为学校的设施设备引起的，因

此，安全救助的主体应是学校。同时，当伤害程度较为严重时，可申请社会有关部门的救援。为减轻安全事故的程度，学生也可以在发生安全事故时进行一定程度的自救。因而，学校设施设备安全救助的形式分为学校救助、社会救助及自我救助。

（三）学校设施设备安全救助的对象

学校设施设备安全救助是指在因学校的设施设备造成学生的身体受到意外损伤的安全问题进行恰当分析判断的基础上，采取恰当的措施对学生进行的救济、护理和帮助。因此，其救助的对象是因学校设施设备的损害、使用不慎等原因造成安全事故的学生。可按其伤亡的范围分为群体救助和个体救助。

（四）学校设施设备安全救助的途径和方法

学校设施设备安全事故救助分为学校救助、社会救助和自我救助。其具体方式是：

1. 学校救助

学校设施设备安全救助，根据安全事故的级别、造成伤害人员的多少，可分为对个体的救助及对群体的救助。学校设施设备安全事故因学生受伤害的程度不同，分为轻度伤害与重度伤害救助。

首先，个体轻度伤害的救助。如因使用体育设施不当，导致的脚部扭伤，或因碰撞校园花台等导致的脚手擦伤等轻度的个体伤害事故。对个体轻度伤害的救助采用的基本方法是：班主任或辅导员及时地将受伤害的学生送到学校医务室或医院进行创伤处理；对当事人及其他学生进行及时的安全教育，避免安全事故的再度发生。

对个体重度伤害的救助。因学生使用设备设施不当或因设施设备自身原因造成的学生个体重度伤害事故，如在学校触电导致学生严重受伤。对此事故的救助方式是：班主任或辅导员立即送伤者去医院救治，让受伤学生能得到及时有效的救助，同时保护好现场，立即上报学校安全事故管理中心，接着及时通知受伤学生的监护人，最后搜集事故材料备案。

其次，群体救助一般是指对因学校的某种设施设备的损害或使用不当导致较多学生受到的伤害的救助。群体伤害救助又因受伤害的程度不同，可分为轻度和重度群体伤害的救助。

轻度群体伤害救助。轻度群体伤害如因使用楼梯时发生拥挤的踩踏事故，没有出现大的伤害。这种事故一般采用这样的方式进行救助：教师紧急疏散事故现场的学生，避免伤害事故的继续发生；立即安抚受伤学生，把学生及时送到学校医务室或医院进行医治；后期对学生进行安全知识的教育和心理疏导。

群体重度伤害救助。重度群体伤害，如因学校房屋的垮塌或因使用楼梯时发生拥挤的踩踏事故，出现了重大的群体伤害事故。这种重大群体伤害事故涉及的人员较多，伤害程度严重甚至有当场死亡发生。因而采用的救助方式是：立即拨打 120，及时送伤者去医院救治；紧急疏散事故现场的学生，并立即将事故上报教育局安全管理中心；对伤员做力所能及的就地处理，为治疗争取时间；必要时组织社会特别是学生家长援助；联系受伤学生的监护人；对受伤害的学生进行心理和经济救助；通过法律途径进行救助。

2. 社会救助

学校设施设备安全事故程度较为严重时，仅靠学校的力量是远远不够的，需要借助社会的力量对伤者进行及时的救助。这些救助需要与当地医院、上级安全领导部门紧密联系。特别是通过上级政府或者政府安全管理部门申请公安部门的支持，必要时包括武警参与救助，包括对事故现场采取有效的保护措施，避免事态的扩大；通过刑侦手段查清事故真相，分清事故责任；通过舆论宣传，正确宣传事故真相，进行社会舆论导向；通过司法途径，分清事故责任，合理处理事故纠纷。

3. 自我救助

自我救助是指在伤害事故发生的时候，学生能自主地采取一定的方式进行积极有效的救助。自我救助能有效地减轻伤害事故的程度，让伤害程度降到最低程度。

首先，所有的在校学生都应有自救意识、自救知识和自救技能，学会正确地使用学校的设备设施，降低安全事故的发生。其次，所有的学生应学会冷静地面对突然发生的事故，具备沉着冷静地面对突发事故的心理素质。再次，所有的学生应学会一些简单处理事故的方法及简单处理不同伤害的常识，减轻伤害程度。

（五）学校设施设备安全救助需要注意的问题

1. 学校、社会、自我的整体联动

学校设施设备安全救助中，一定要准确分析、判断事故程度，将学校、社会和自我救助有机结合，实现整体联动，才能实现有效救助。在实际操作过程中，如何准确地判断事故的程度，如何在最短的时间内调动安全救助部门共同实施救助，需要学校校长在安全管理中心进行快速、敏锐的决策与调配。

2. 救助的快捷性

“时间就是生命”。当设施设备安全事故发生后，对伤者来说，赢得了时间，就夺回了生命、降低伤亡事故的程度。因此，凡是伤害事故的发生，学校教师或者安全责任人要第一时间到现场，第一时间进行生命的拯救，必须在最短的时间和距离内组织对受伤学生进行及时有效的救助。

3. 设施设备的有效修复及管理

学校设施设备安全事故发生后，除了对伤者进行及时的救助，学校安全管理部门还应组织人员对损坏的设备设施进行及时的修复、更新，或者立即贴上警示标志，并对全校学生进行安全常识的教育，避免安全事故再度发生。

目前，学校设备设施安全预警系统仍处于起始阶段，但各校都认识到了设备设施安全的重要性，正在加大预警力度。但对于学校设备设施安全预警系统来说，其可靠性设计技术和相关的应用技术还显得极不成熟，要建立具有操作意义的预警系统仍需做大量工

作，尤其应将安全预警系统和图像监控系统集成，形成学校设备设施安全预警系统，使该系统进入一个更新的新技术阶段，还值得进一步探讨、总结。另外，为了适应学校设备设施发展的需要，在安全预警的基础上，要从促进发展和安全预防的角度，有关主体要设计和制造出更有安全保证的学校设备和设施，才能保证学校尽量不发生设备设施安全事故。

第四节　学校火安全救助机制

“2005 年以来，全国学校共发生火灾 2 623 起，死亡 18 人，受伤 9 人，直接财产损失 218.6 万元。”我们所处的西部地区相对于东部经济发达城市而言，教育上的投入大大不足造成学校的消防设施不足，更换不够及时，加上学校队伍庞大，缺乏规范有效的管理，火灾形势不容乐观；学校具有人员密集、教学科研设备和贵重仪器多、社会关注度较高等特点，加之未成年学生消防安全意识淡薄，绝大多数还不具备防火、灭火和火场逃生自救的知识和能力，一旦发生火灾，极易导致群死群伤的恶性后果。

学校防火工作直接关系到广大师生生命财产的安全和社会的稳定，怎样增强学校抗御火灾的能力，严防群死群伤火灾事故的发生，确保学校师生财产和生命安全，就成为摆在西部教育工作者面前迫在眉睫的难题。

一、学校火安全事故的现状与特点

学校火安全就是在学校范围内或在学校正常组织的教育特别是教学活动中发生的，因对火使用或控制不当导致学校、教师、学生生命财产损失为主体所接受的状态。结合研究目的和要求，我们确立以成都市山区龙泉驿区为立足点，辐射西部，通过对政府部门、学校的调查，报刊、网络等途径搜集 2002—2007 年 1 月这一时间段中，西部学校发生的火安全事故作为研究对象。在对象的选择中，我们不以造成的损失大小为标准，只考虑是否曾经发生过火安全事故为依据。

（一）学校火安全事故现状

火安全的种类极其复杂，结合西部学校的实际情况，我们把搜集到的 79 例学校火安全事故分为以下七种类型：

1. 实验课中违反实验操作规程，造成火安全事故

如违反实验操作程序、化学药品使用不当等引起的事故。2005 年 5 月 25 日上午 10 点左右，龙泉某中学实验员在实验室转移化学品（金属钾）时因操作失误起火，由于该实验员及时用存放于室内的消防器材灭火，未造成严重后果。

2. 明火引起的火安全事故

如在床上点蜡烛，吸烟者乱扔未熄灭的烟头和火柴等，在宿舍内焚烧杂物，使用煤气、液化气不当，使用煤油炉、汽油、酒精等易燃易爆物不当等。2000 年 11 月 18 日 7 时许，龙泉某中学遭遇停电，学生都点着蜡烛上晚自习，突然窗外刮起了一阵大风，将窗帘吹起。窗帘迅速被靠窗学生的蜡烛点燃，顿时火光冲天，坐在旁边的男生季某反应迅速，一把将着火的窗帘拉下，其余学生也及时行动用扫帚将火扑灭，没有造成更大的损失和人员伤亡。

3. 电器设备不合格，引发火安全事故

如使用不合格电器导致电线短路等。2005 年 10 月 20 日，四川成都龙泉驿一小学四年级六班教室日光灯镇流器异常发烫烧毁灯管内线路，造成电线短路，将整个灯具烧毁，当堂老师和正好从门外经过的学校安全管理人员及时用扫帚扑救，未造成更大的损失。

4. 乱拉乱接电线和保险丝引起火安全事故

如因电线短路或因接触不良发热而引起火灾；有的甚至用铜丝或铁丝代替保险丝，使电路过载发生故障时不能及时熔断而造成电线起火。2003 年 10 月 20 日，四川成都某中学一计算机房，由于

线路负荷过大，加之接触不良，产生的电火花将教室内总电源开关烧毁，直接损失 3 000 多元。

5. 使用电器不当引起的火灾

如电灯泡靠近可燃物长时间烘烤起火；使用电热器无人监管而起火；长时间使用电器不检修，电线绝缘老化、漏电短路而起火等。2006 年 1 月 7 日凌晨 1 时 24 分，甘肃临夏州消防支队 119 指挥中心接到报警，临夏县某中心小学发生火灾。接警后，临夏市消防中队立即出动了 1 台水罐车及 8 名消防官兵。迅速赶赴火灾现场。只见着火的两间教室已基本烧毁，余火危及周围教室。现场官兵迅速展开灭火战斗，由于火灾发生地地处农村远离市区，消防水源缺乏，给扑救工作造成不小的困难。指挥部随即命令临夏市中队再出动 1 台消防水罐车组织供水，在官兵们奋力扑救下，4 时 20 分火势得到控制。此次火灾烧毁教室两间，课桌 20 套，过火面积 120 平方米，造成直接经济损失 2.04 万元。由于中队出动迅速，控制得当，并未祸及周边的房屋。火灾原因是由于电器线路老化引起塑料顶棚发生火灾。

6. 在宿舍使用大功率电器引起的火安全事故

学校宿舍内的线路是按日常照明、使用小收录机等情况而设计的，如使用电炉、电饭煲、电热杯、热得快等电器，就会使电线过载发热而起火。2006 年 1 月 22 日是一个周末，龙泉某中学学生张某在宿舍内私自用电炉煮方便面，另一同学陈某进门后拿出刚买的热得快烧开水，不到两分钟，电线便发出了一股焦臭味，两人都没有引起重视，继续违规使用电器。不一会儿，电线绝缘胶皮起火，火焰迅速沿着电线燃烧，两名同学惊慌失措，冲出门外呼叫，宿舍管理人员迅速切断电源，扑灭了火焰。经现场清理，火灾烧毁了水瓶四个，电器两件，电线十余米，并造成了整栋宿舍断电八小时，两位同学也受到了不同程度的惊吓。

7. 建筑物或设备接地不良，雷击引起火安全事故

2003 年 6 月 8 日，成都市某小学四年级二班学生正在上微机

课，突然雷雨大作，由于微机室的设备接地不良，一个雷暴直接打到了靠窗学生正在使用的电脑键盘上，键盘马上冒出浓烟，学生直接被雷暴弹到地上，上课老师迅速切断电源并用干粉灭火器将浓烟扑灭，避免了更大的损失。

（二）学校火安全事故的特点

经过对2002—2007年1月这一时间段西部学校发生的79起火安全事故案例的认真分析，我们发现学校火灾的一些特点：

1. 火灾易造成群体性伤害

学校是未成年人集中场所，一旦发生火灾，极易造成群死群伤的严重后果。2001年6月5日，江西某广播电视艺术学校发生火灾，13名3～4岁的幼儿在火灾中丧生；2002年6月9日晚，云南省寻甸回族彝族自治县某小学发生火灾，住校的8名男生被烧死。

2. 造成的社会影响大

云南省羊街镇某小学发生火灾，8名住校男生全部被烧死，致使这个仅有32户人家的小村子几乎丧失了一代人，而死伤的这些学生中有许多是独生子女。学校火灾中的未成年人死伤往往会给多个家庭、甚至几代人造成心灵上的巨大创伤，致使家庭破裂，也给社会稳定造成极大的影响。

3. 有较强季节性和较明显的时段性

从学校火安全事故发生的季节来看，它具有较强的季节性，即冬季是学校火安全事故的高发期。在我们所调查的案例中仅冬季发生的学校火安全事故就有36起，占总数的45%，这必须引起我们的高度重视。从我们的统计来看，发生火灾最多的时段是每天18时至第二天8时，总共调查到了47起，占总数的59%。从学校火安全事故发生的时间分布图来看，上述几起特大火灾都是发生在晚上。有的学校为防盗或治安需要，采取了一些安全措施，如给学生宿舍的窗户加装防护栏，楼道出口安装防护用的铁栅栏，有的寄宿制中小学采取封闭式管理，禁止学生随意外出。学生管理者为图省事，在学生就寝后将宿舍楼出口上锁。凡此种种，一旦深夜发生火灾，人员疏散混乱，极易造成找不到逃生出口而酿成灾难性的后果。

4. 发生地点多为学生宿舍

在所调查的案例中，学校火安全事故发生地点为学生宿舍的有 39 起，占 49%，几乎占据了所有事故的一半。学生宿舍是学校火灾隐患最突出所在，有的学校疏于对学生宿舍的安全检查和管理，在一些学生宿舍存在乱拉乱接电线、违章用电、宿舍内吸烟、蜡烛照明、熏蚊、楼道不畅通和消防器材配备不齐全等问题。

5. 缺乏自救知识和技能

学校防火安全宣传教育不到位，师生员工缺乏逃生自救训练是灾难发生的主要原因之一。在我们的调查中显示，有 92% 的人认为自己所在的学校或单位没有经常组织消防安全知识培训或讲座，有的学校甚至从来没有组织对师生员工的防火安全、应急疏散和逃生自救教育培训，使他们缺乏消防安全意识，遇到火灾就会惊慌失措，局面失控。

6. 有逐年递增的趋势

在发生的 79 起火安全事故中，2002 年共发生 16 起，2003 年发生 13 起，2004 年同样发生 13 起，2005 年发生 14 起，2006 年发生得最多，共调查到了 19 起。除了 2005 年有下降趋势之外，学校消防安全事故总体呈上升趋势，不容乐观。

二、学校火安全事故的分析

发生学校火安全事故的原因有很多，也比较复杂，但主要有来自学生、老师身体、心理方面的，有设备方面的，有学校管理方面的，也有气候季节方面的。

我们都知道，学校中的物理、化学实验课很多都带有一定的危险性，教师和学生在实验操作过程中，疏忽大意，没有严格按照实验规定办事，造成了操作失误。老师在组织教学时没有尽到很好的管理和警示义务，学生与危险实验距离过近，这表明个体的火安全意识不强，是造成实验室火灾的主要因素。同时，未成年学生因实验产生强烈的好奇心，盲目模仿，也是实验室发生消防事故的重要原因。由此而引发的实验室消防事故占到了所调查火灾的10%。

在明火引燃类的火灾里，点蜡烛引发火灾的情况在学校特别是寄宿制学校中发生较多。每到临近考试，很多学生为了复习应考，即便是到了深夜仍然点着蜡烛看书，由于长时间注意力高度集中，精神非常容易疲倦，不知不觉中睡着的情况很常见。加上多数西部学校条件有限，宿舍内学生居住密度通常都很大，而且有的学生为了图省事，蚊帐常常相互连在一起，使发生火灾的危险进一步加大。而在床上抽烟引发火灾的比例在学校中占的比例比较小，主要是老师或来校的成人引起的。而在学校玩耍，因游戏或燃放烟花爆竹产生明火引起燃烧在小学就发生了两起，所占的比重比较高，占到了所调查的明火引燃类事件的 12.5%，这充分表明了未成年人在玩耍过程中的消防安全意识不强，学校内部管理也存在一定的消防安全隐患。学校食堂是学校消防安全事故的多发点，在我们所凋查的案例中占到了10%。烟道、灶台的油污清理不及时，是食堂消防事故的主要原因，这就暴露了西部学校食堂工作人员消防意识不强，食堂管理上存在着一些漏洞。

电器设备不合格引起火灾在西部学校消防安全事故中所占的比例不很大，但目前西部中小学生中独生子女占主要部分，他们较缺乏独立生活能力，在多数家庭经济条件并不宽裕的情况下，很多学生购买电器时，更多地从价格方面进行考虑，安全方面的考虑要少得多。同时，西部学校特别是边远地区的学校由于教育经费相对短缺，采购电器设备时也以节约为主，客观地导致了一些不合格电器设备流入学校。在这种条件下，因缺乏必要的电器使用知识和技能，就很可能发生电器火灾。因此，电器火灾知识技能的缺乏也是引起学校火安全事故的重要因素。

乱拉乱接电线和保险丝的情况在西部中小学比较突出，占据了所有学校火安全事故的 30%，这样高的比例与目前西部学校处于设备更新换代期间，配套设施不够完善密切相关，这给学校火安全造成了诸多隐患，也凸显出学校火安全管理方面还存在很多漏洞。

使用电器不当引发火灾的案例中，大多数是长时间使用电器不检修、电线绝缘老化、漏电短路而引起的。在西部学校中，大部分学校的建校时间都在新中国成立初期甚至更早，虽然近年来进行了学校标准化建设，使学校的设施设备得到了极大的更新，但由于电路的自然老化时时发生，加之资金短缺，很多学校都不同程度地存在电线老化的情况。以成都市某区教育局每年的安全检查记录为例，每年存在较为严重的电线老化问题的学校都在十所以上，但由于教育经费有限，基本不能够及时更新，只能每年更新部分学校的部分线路，这就留下了发生火灾的隐患。

在宿舍使用大功率电器在西部的寄宿制学校中相当普遍，学校配套的生活设备设施不够完善，服务时间不够灵活，直接导致很多学生经常性地在宿舍内私自违规使用大功率的热得快、电炉等电器，这既使宿舍的电线超负荷，也让一些不合格的电器进入学生宿舍，带来了更多的安全隐患。

西部地区幅员辽阔，其中四川、云南、贵州三省都是雷电灾害高发区，近年四川省雷电灾害主要发生在 4 月到 8 月，2006 年 1～8 月，全省共出现 152 天雷雨天气过程，雷击造成 15 人死亡、20 人受伤。建筑物或设备接地不良、雷击引起学校火灾的案例在我们的调查中并不多见，这与各级各类教育行政部门对此比较重视，相关的管理制度比较落实不无关系。

三、学校火安全救助机制建立的研究

做好学校火安全的预警和预防工作，可以尽量避免火安全事故的发生，并将火安全事故带来的损失降到尽可能低的程度，切实保护中小学生的安全。但预警和预防不是万能的。现实中，客观上由于各种意外和偶然的原因，依然不可避免地要出现一些学校火安全事故，学校火安全救助机制的建立就具有客观的现实意义。

（一）学校火安全救助机制的建立

1. 学校火安全救助及其机制的含义

学校火安全救助是指在学校火灾过程中以及火灾之后对火灾进行准确分析判断的基础上，采取恰当措施对学生、教职员工和学校物资进行的救护与援助。学校火安全救助内涵包含几层意思。首先，是指学校火安全事故已发生，无论有没有发生学生伤害事故，都存在学校火安全救助问题。其次，学校火安全救助的基本方式是自救和他救，必要条件下的依法请求补偿或者赔偿。在任何学校，只要发生学校火安全事故，不管何种原因，都应当得到消防部门或医院、学校管理者、老师及时恰当的援助，特别是消防部门的救助。如果因救助不及时，造成生命、财产损失，要求责任方给予适当的赔补。如果造成严重损失甚至死亡，当事人之间又不能达成解决协议，则可以依法提请仲裁，或者依法提起诉讼，由司法部门来裁决责任方向对方赔礼道歉，或者对被害人依法给予相适应的补偿或者赔偿。

学校火安全救助机制建立就是指为学校火安全救助而设置的机构、制订的各种制度和运转方式，并使其相互制约和影响的内在有机联系、有效运行的总和。即通过对学校若干火安全事故和发展趋势进行检测和反馈，分析判断其严重程度，并对其采取恰当救护和帮助，以达到控制或者减少主体损失，最大程度地维护主体合法权益的组织运行系统。

学校火安全救助机制建立的特点：它是由若干要素组成的系统，因为学校火安全救助机制是由救助主体、救助对象、救助手段、救助时间构成的，它是按照必要程序组成的系统。因为凡是发生学校火安全事故后，第一是千方百计实施自救或者请求他救；第二是想办法通知 119 及 120 救助；第三是责任部门要在第一时间赶到现场指挥救助，需要时医院无条件实施救助等。它是一个责任运行系统，因为责任部门得到需要救助的学校火安全事故信息后，必须及时到达事故现场，按照职业责任分工实施及时抢救。它是一个最大程度减少损失的补救系统，因为学校火安全事故发生后的重要责任是通过各种救助措施，千方百计减少受害人的生命财产损失。

2. 学校火安全救助机制建立的意义

由于火灾发展的形势不容乐观，多数师生缺乏必要的火安全知识和技能，学校消防设施不够完备，且 119 出警速度与火灾发展之间存在一定程度的滞后。因此学校火安全救助往往效率很低，一旦学校发生火灾，就会给单位和相关人员的生命和财产安全带来无法避免的损失。因此，学校发生火灾之后，抓紧一切时间及时救助就显得非常关键。建立学校火安全救助机制，明确火安全救助中各种状态下的行动具体步骤和各类人员的具体分工与责任，对提高救助有效性具有十分重要的意义。

（二）学校火安全救助机制建立的基本依据

学校火安全救助机制的建立立足于已经发生过的学校火安全事故中有效救助的案例，并将其进行了梳理，使其更加具有可操作性和实效性。

国家教育部 2002 年第 12 号令颁布了《学生伤害事故处理办法》，包括总则、事故与责任事故处理程序、事故损害的赔偿、事故责任者的处理、附则共 6 章 40 条。该办法重点明确了对学生伤害事故发生后救助的规范，为我们建立学校火安全救助机制提供了一定的依据。四川省政府办公厅结合四川实际，也制定颁布了《四川省学校安全工作管理办法（试行）》，包括总则，学校安全工作职责，学校安全工作的教育、培训和管理，安全事故的责任、安全事故的责任追究、附则六章 35 条。有一定的综合性。其内容诸如“政府、政府主管部门在学校安全管理中的责任”“第一责任人”

等。《未成年人保护法》第五条规定："保护未成年人是国家机关、武装力量、政党、社会团体、企事业组织、城乡基层群众性自治组织、未成年人的监护人和其他成年公民的共同责任。"因此，学校学生保护条例要明确政府、社会、学校等单位与个人在学校学生安全保护中的基本职责。

（三）学校火安全救助机制的构成

1. 学校火安全救助的主体和形式

学校火安全救助的主体主要是学校，但由于火灾的危害极大，扑灭火灾特别是重大火灾必须依赖社会力量，且火灾发生时，及时正确地逃生非常重要。因此，学校火安全救助的主体也应当是多元一体的，即以学校为主，社会、个体自身共同参与救助。根据救助主体的不同，我们把学校火安全救助分为学校救助、社会救助和自我救助三种形式。学校救助是指学校火灾发生后，学校一方面要及时组织自己的力量，利用学校现有的消防器材和设施尽可能控制火势的蔓延，同时要积极组织学生及时疏散等；另一方面，根据火情请求消防部门参与灭火。如果有学生伤亡，还要及时拨打 120，请求医院参与学生的救助。如果发生特大学校火灾，还要请求公安部门甚至武警参与现场秩序的维护以及必要的火灾发生原因的侦破。消防部门救助是指消防部门在接到学校火警报告后，要及时出警参与救助，千方百计控制火势，争取尽快扑灭大火，降低火灾损失。自救是学生个人在发生火灾后，要按照避火常识保持冷静，寻找机会逃离着火现场，或者寻找有利条件保护自己生命等待救援。

2. 学校火安全救助的对象

学校火安全救助是指在学校已经发生火灾的情况下，及时准确地进行分析判断，并采取恰当措施对学生和教职员工以及学校财产进行的救护与援助。因此，其救助的对象应当是所有学生以及学校财产。在这里，对学生的救助是第一位的，而学校财产则应当是那些贵重的设施设备以及资料，对它的救助是在保证人员安全的前提下，视火灾现场的情况而定。

3. 学校火安全救助的基本方法

学校火安全救助的主体是多元一体，其选择采用的救助方法也呈现出多样化的特点。但是，实践经验证明，任何学校火灾发生后，基本的救助形式有三种，选择采用的基本救助方法也有三种。

（1）学校救助方法。制订救助预案并做到师生知晓率 100%。如果火灾范围很小，处于极其轻微的状态，现场教职员工有充分的信心能在短时间内扑灭火焰，不造成人员伤亡和较大财产损失的情况下，应当迅速利用附近可以利用的灭火器材进行扑救。如果火势较猛，且有可能带来人员伤害和财产损失的情况下，现场人员应当及时做好三项工作：

一是报警。教学期间发生火灾时，发现者除拨打 119、110 外，迅速报告学校领导，校领导立即指挥关闭着火楼的电源；夜间发生火灾时，发现者要大声呼救，立即拨打 119、110 报警电话，报告学校领导；同时报教育局突发事件处理小组办公室和业务科室。

二是疏散。学校校长要组织学生按照平时消防演练逃生的线路迅速疏散。包括人员疏散和物资疏散。人员疏散：救人是第一原则，校长或宿舍管理人员应在第一时间有序地组织学生疏散转移。组织疏散时注意，由于火灾时有烟雾，能见度差，现场组织疏散的人员应保持镇静，稳定好人员情绪，维护好现场秩序，组织有序疏散，防止惊慌造成挤伤、踩伤等事故。物资疏散：火场上的物资疏散，目的是为了最大程度地减少损失，防止火势蔓延和扩大，但必须在保证人员安全的前提下进行。物资疏散时首先要注意疏散那些可能扩大火灾和有爆炸危险的物资，如起火点附近的油桶、液化气罐、化学实验室易爆和有毒物品，以及可能堵塞通道使灭火行动受阻的物资。其次，疏散那些性质重要、昂贵的物资，如机密文件、档案资料、高级仪器、珍贵文物以及贵重物资。

三是抢救。校长要组织好对受伤人员的抢救和物资的抢救。当火灾发生时，要充分发挥学校工会、治保会、教工或学生义务消防队的作用，做好受伤学生抢救和护理工作，医务室应备好止血药、绷带等必备药品，同时组织人员和车辆急送医院或联系医院对受伤人员的抢救。如学生受伤，要采取恰当的方式及时通知家长并且做好家长的安抚工作。

初起火最易扑灭，如能集中合力灭火，常能化险为夷，转危为安。根据不同的起火原因，可采取隔离法、冷却法、窒息法等。现场学校指挥人员要在第一时间内组织利用附近所有灭火器集中使用，对准火点，尽量抓住战机把火扑灭，或控制住火势的蔓延，抢救学校财产，等待消防部门专业消防员彻底扑灭火焰。

要及时划出警戒范围，严禁其他车辆和无关人员进入着火现场，以免发生不必要的伤亡，同时也为火灾消灭后调查起火的原因提供有力证据。如果在火灾调查人员未到之前火灾已经扑灭，失火单位应当把了解的情况向他们介绍，并将火灾现场保护工作移交给火灾调查组，配合调查组提供当事人或见证人。

（2）社会救助方法。常言道“水火无情”，火灾的危害极大，扑灭火灾特别是重大火灾仅靠学校的力量是无法办到的，还必须依赖社会力量实施救助。这里的社会力量当然是“119”消防中心、医疗卫生等社会有关部门。“119”消防中心接到学校火警后，应当以最快的速度赶到学校开展救助。医疗部门接到救助信息后，要立即指派救护车赶到现场，准备随时抢救被火伤害的人员。学校要经常与相关部门保持通畅的信息联系，以便急需时保证能及时得到社会力量的支持和救助。学校还应当在火灾之后积极配合有关部门处理好善后事宜，完善后续救助工作。如公安、消防、保险等部门对事故展开的调查，司法部门依法处理火灾责任纠纷，依法追究相关责任人员或单位的法律责任，保险部门依法及时理赔，切实维护学校和学生的合法利益。

（3）自我救助方法。认真学习消防知识，掌握逃生技巧。学校发生火灾时，及时利用现场有利条件，快速疏散逃离危险是自我救助最根本的办法。当楼房上层着火时，楼梯未坍塌的采用低姿势迅速而下，有条件时可用湿毛巾或纸巾捂住嘴、鼻，用湿毯子披围在身上从烟火中冲出去。高层着火时疏散较为困难，因此更应沉着冷静，不可采取莽撞措施，学生应按照安全出口的指示方向，尽快从安全通道或室外消防楼梯安全撤出，切忌乘电梯或跳楼。火势确实较大无法逃生，可躲避到阳台、平台、卫生间等地方，或关闭门窗并用湿毛巾堵塞门缝，防止烟火进入，并用水浇湿房门，等待救护人员到来。大火发生时，一旦人体身上着火，应尽快地把衣服撕碎扔掉或就地打滚灭火，切记不能奔跑。如旁边有水，立即用水浇洒全身，或用湿毯子等扑灭火焰。

保持沉着镇定，提高逃生概率。在火灾丧生的人中，不少并不是被火烧死，相当多的是因为惊慌失措，选择了错误的逃生方法或被烟窒息而失去了生命。因此，凡是发生火灾都要保持镇定，明确着火地方和当时的风势，冷静地寻找正确的逃生方向，或选择合理地理位置等待救援就显得非常关键，这样可以大大提高成功逃生的概率。

（四）学校火安全救助机制建立的注意事项

1. 救助的及时性

火灾发展迅猛，着火初期往往是灭火和救助的最佳时期，一旦错过了这个最佳时机，人员伤亡和财产损失就可能成倍增加。因此，只有保证救助工作的及时才能达到高效。

2. 坚持对人的救助第一

在火场上，救助是有选择的，应当救助什么，不救助什么，或者先救助什么．后救助什么，往往是救助成效的关键。因此，在火场上必须遵守一个原则，就是：救人第一。救物要在坚持救人第一的前提之下进行。

第九章　分项学校安全事故救助机制

本章重点根据发生特殊的学校安全事故即治安伤害、网络伤害、狗伤害、自然灾害伤害事故，进行分项学校安全事故救助机制研究，构建相适应的学校安全事故救助机制，使其对学校安全管理工作更具有针对性和实践的指导性。

第一节　学校治安事故救助机制

学校治安有广义和狭义之分。从广义理解，凡是对扰乱学校教育秩序，侵害师生人身、财物、心理稳定的违法犯罪行为都属于学校治安的范畴。从狭义理解，凡是违反我国《教育法》《治安管理法》等，扰乱学校教育秩序，影响师生生命和财产的行为都属于学校治安的范畴。学校治安问题主要包括：在学校滋事生非，无理取闹，侮辱、殴打师生员工，侵犯人身权利，抢夺师生员工财物，损坏学校设施，扰乱教育特别是教学秩序；携带各种管制刀具、爆炸物品、有毒物品进入学校，采取非法手段如绑架、恐吓、抢劫、性侵犯等威胁师生生命财产安全等；传抄和传阅淫秽书画、照片，收听、传唱黄色歌曲，聚众斗殴或赌博等违法行为。学校治安的特点是违法主体多数是未成年人或者未成年学生；虽然是犯罪行为但是多数还不能受到刑罚的处罚；往往受社会不法分子影响；与社会治安环境的好坏有一定的关系。

一、学校治安现状

根据对学校治安内涵和外延的认识，我们选择西部成都某郊县既有山区和平坝，以农业为主的，又以在推行城乡一体化、建设城乡“公平教育”热潮中、农村学校迅速发展的农村学校治安现象为研究对象。

学校治安基本现状与特点。

通过分析问卷调查表所反映的数据，我们发现，某地区农村学校治安事故时有发生，有的案件对学生造成的影响非常严重；震撼我们的心灵。西部农村学校治安存在如下现状和特点：

（1）按月统计治安事故发生情况分析。从统计资料得知，每年的 5 月和 12 月为治安事故多发月；2 月、3 月、9 月以及 10 月、11 月为治安事故相对较少发生的时段；7 月由于放假，治安事故相对较少。按发生治安事故次数的多少，一年的排序为 12 月、5 月、11 月、3 月、10 月、2 月、9 月、1 月、8 月、4 月、6 月、7 月。

（2）按月统计重大治安事故发生情况分析。首先，发生重大治安事故最多的月份为 5 月、12 月，其次为 2 月、3 月、9 月、11 月，再次为 1 月、4 月、6 月、8 月。几年来很少发生重大治安事故的月份是 7 月。由于温室效应，全球气温的升高，天气燥热提前，从 3 月发生的几起校外人员进学校砍伤学生的事件来看，3 月是重点防备外来人员进校的敏感时期，要杜绝社会闲杂人员进入学校，加强门卫的保安工作。

（3）按学校治安事故分项发生情况分析。从学校治安事故分项统计来看，侵害学生人身刑事案最多，危害最大，死亡人数也最多。从影响教学秩序角度，老师体罚导致学生伤害是另一种学校治安事故，这种事故在学校反映最为突出。另外学校老师对学生性伤害案件有所上升，并且有的是几年里长期作案，由于种种原因学生没有报案，所以不被发现，受伤害最多的是小学高年级学生，其次是初中生。由于这段时期的学生缺少性方面的知识，也没有自我保护意识，所以很难防备突如其来的性伤害。由于学生青春期提前，小学五六年级学生就进入快速发育期，而学校对学生青春期的教育又滞后，因此，要从制度上防止男性与女性单独相处，女性特别是女学生要有防范意识。学校要加强对老师的师德教育，加强老师的心理健康教育，关心老师的生活，组织健康的活动，杜绝对学生的伤害。

(4) 按学校治安事故发生的时间及地点分析。从统计看，学校治安事故多发生在晚上 9 点学生下晚自习后在回家路上或者学生宿舍，学生因纠纷打架事故多数在此时发生。中午 12 点、下午 2 点前后也是治安事故多发时间段，因为是学生吃饭和休息的时间，学生缺乏老师的监管，学生之间的矛盾容易在这时发生，从而发生伤害事故。事故发生在早自习和晚自习的时间相对较少，在老师的监管下，学生在自习时间几乎没有发生打架事件，在 17～19 点这一时间段几乎没有治安事故发生，这段时间是学生吃晚饭的时间，这个阶段虽然学生自由支配的时间较多，但发生伤害事故的几率几乎为零。所以学校应该加强中午时间和晚自习以后的时间段的管理，加强周边环境的综合整治，尽量减少对学生伤害事故的发生。

二、学校治安问题与成因

我们通过对西部学校治安事故的不同角度统计和特点分析，发现学校治安事故存在如下基本问题及导致这些问题的原因。

（一）学校治安存在的问题

学校治安问题与西部地区的政治、经济、文化等因素密切相关。从中小学生家庭来看，留守儿童不断增多。西部农村留守儿童家庭达 50% 以上，2006 年仅四川省外出务工人员就达 1 800 多万人。一方面，外出务工或经商不仅改善了农民的经济状况，也为劳动力输入地的经济发展作出了贡献。但是另一方面，劳动力城乡之间的流动也带来了一些负面影响，比如社会治安问题、留守儿童教育问题、单亲家庭问题已经成为了学校必须加以重视的问题。由于受托人对这些孩子的看管毕竟不如孩子父母更为直接和严格，在校学生离校后的监管几乎成了空白，有些学生在节假日就四处闲逛，到网吧玩游戏，乃至和社会上的一些问题少年混在一起。有的染上抽烟喝酒的习惯，有的打架闹事，甚至小偷小摸，给社会造成不良影响。在一些地区，留守子女实际辍学、失学比例居高不下，其中或者是因为家中缺少劳力“早当家”，或无人管教、放任自流，以致成绩太差，升学无望而厌学或弃学。这些情况为学校治安事故的发生创造了条件，提供了温床。所以，农村学校治安主要存在的问题导致的影响是：严重影响学校的教育特别是教学秩序；严重影响学生身心的健康发展；严重影响学校在社会上的形象，如果处理不好就会直接影响社会稳定。

（二）学校治安事故现状成因分析

引起学校治安事故发生的原因极其复杂，它既涉及学校、社会、家庭等各方面的外在环境特别是管理体制和运行机制的环境不完善因素，也涉及有关管理主体，包括参与管理的校长、老师和学生个体的身心素质因素。

1. 学校因素

首先，学校是依法建立的专门实施教育的场所，也是未成年人主要的学习、生活地方。由于目前学校办得好与不好的社会标准，其核心衡量指标就是升学率；教师教学的好坏，核心评价标准就是学生考试分数；学生是否好学生的评价标准就是考试分数。因此，导致学校、老师为分数而教，学生为分数而学，社会、家长以分数为凭。分数第一已经成为农村学校办学价值的取向、学生学习的奋斗目标。学校严重忽视学生思想行为的教育和训练，学生严重忽视综合素质的提高，这些问题在农村学校较为突出的存在。在这种长期受升学压力影响下，有的学校校长、老师、学生的心理被扭曲，甚至导致极个别老师或学生心理变态，从而为治安事故的发生埋下了隐患。

其次，学校教育特别是课堂教学等，由于受应试教育的影响，不断加强学生智育的培养而忽略了学生品质的教育和训练，特别是由于部分不适应学生，得到的是不适应教育，导致这部分学生成为不适应学校教育环境的所谓“双差生”，无形中诱导这些学生情绪不稳定、心理不健康，成为学校治安的隐患。再加上在大力提倡素质教育的今天，以升学率为主要价值取向的评价机制在左右农村学校，应试教育的机制仍在发挥着主导作用，考核学校和老师的主要标准还是入学率一类的硬指标。因此，在实践中大行其道的依然是应试教育的那一套做法，这反映在有关部门对待学校、学校对待教师、教师对待学生的态度上，“带好一个差生，不如培养一个好生”，既扭曲了教育的本质，也扭曲了组织和个人对教育质量的评价心理，一些升学无望的孩子就在有意无意中被抛弃了，甚至有的孩子受到社会上其他不良因素的诱惑，加之缺乏基本的教育和正确的引导，极易成为学校现在或者未来的安全隐患。

再次，有的政府主管部门、学校校长缺乏治安意识，官僚作风严重，忽视治安工作特别是对学校安全的教育和管理，忽视治安隐患的发现和排除，甚至对校长、教师、学生反映的治安隐患不闻不问，不能及时采取有效措施包括组织措施加以排除，这些是导致学校治安事故发生的又一重要原因。

最后，学校治安管理设备设施还有待完善，比如不关心学校安全设施和设备的配置或保安人员的配置少，或者根本就没有为学校配备经过专门训练的保安人员；有住校学生的学校，为了节约经费，安全管理或者值班人员配备严重不足，导致治安管理不到位，为治安事故的发生留下了隐患。学校有关治安设备的管理，保安人员从事保安的综合素质培养，以及校园周边环境的综合整治等还需要进一步完善。

2. 来自社会其他方面的因素

这里的社会是广义概念，包括学校以外的环境。从社会来看，由于改革开放 30 多年的发展，经济发展了，人们的整个生活水平提高了，但是，社会贫富悬殊也在不断拉大，加上受世界金融危机的影响，每年下岗职工、农村剩余劳动力增加，就业压力不断加大，大学生就业难的问题也日渐突出。由于国家对大中专院校的毕业生不再实行统包分配政策，而是通过市场的方式来配置这些新生的劳动力资源，双向选择不可能一次成功，毕业之后一时找不到工作的现象时有发生，有些大学生毕业即失业的现象也是存在的。而且，长期以来农民把参军或升学看做是跳出农门并吃上“皇粮”的两条路子，现在却发生了变化。尤其在社会舆论方面，有的人对大学生毕业就失业现象在宣传方面片面夸大了它的负面效应，认为辛辛苦苦读书到头来还是要打工，没个稳定的工作，还不如一些文化水平低的同龄人，学习无用论思想又死灰复燃，学生的正常学习心理受到冲击，严重的“郁闷”心理时有发生。

现代传媒具有极强的渗透性，可以说无孔不入，以致少数庸俗和低级趣味的作品很容易影响到思想单纯的孩子们。另外，由于农村孩子缺少公共活动的场所及设施，他们没有如城市的少年宫、儿童活动中心，只有分布在学校周围的电子游戏机房是向他们开放的，流连在游戏机房就成了农村部分孩子课余的主要生活方式。农村社区对孩子的业余教育基本上还是空白。

我国的改革开放、市场经济的形成，促进了经济的繁荣、社会的发展，但也产生了一些新的问题，如法律制度不健全，完善的市场秩序尚未建立，社会上出现的严重拜金主义、有政府官员腐败等不良行为，加上粗俗文化等恶劣影响，使有的人、特别是有的青年人在道德观、价值观方面失衡，从而产生对社会现实不满，有的甚至产生“仇富”心理，进而采取犯罪活动对社会进行报复。有的是学校教育不当留下的隐患，导致个别学生走上社会后，把自己人生成长的不满意情绪归结为学校和教师，产生了对学校特别是对教师的仇恨心理，把学校、学生当做报复社会的目标等。此外，青少年犯罪比例在增大，而且向低龄化、暴力化发展。这些都对学校治安管理带来极大威胁甚至诱发学校治安事故的发生。

三、学校治安事故救助机制的建立

即使建立了预警机制和预防机制，由于不可预见的因素，学校的治安事故发生的可能性仍然存在，不能掉以轻心。在西部农村学校治安事故预警机制建立的基础上，救助机制的建立作为必要的补救显得十分重要，只有这样才能建立一套完整的安全机制。因此西部农村学校治安救助机制的建立具有十分重要的作用。

西部农村学校治安事故救助机制是指为学校治安事故救助而设置的机构、制定的各种制度和运转方式，并使其相互制约和影响的内在有机联系有效运行的系统。学校治安事故救助运行途径：学校治安事故发生—第一人施救—报学校领导—医疗救助—司法救助。

学校治安事故救助机制要素构成是指学校治安救助机制由哪几个基本要素组成。学校治安事故救助机制由五部分组成：① 学校治安事故救助主体（任何单位和个人都可能成为救助的主体）；② 学校治安事故救助对象（根据救助对象是否为治安事故发生的责任人，可以将救助对象分为对受害人的救助和对责任人的救助）；③ 学校治安事故救助渠道（自救、他救、学校救助、社会救助、行政救助、准司法救助、司法救助）；④ 学校治安事故救助的形式（人道主义救助、经济救助、医疗救助、保险救助、心理救助）；⑤ 学校治安事故救助的保障条件（组织保障条件、法律制度条件、物质经费条件、救助文化条件、应急预案条件）。

1. 学校治安事故救助主体

学校治安事故救助主体概念包含的意思是：首先，救助主体是根据人道主义原则或法律认可或者规定形成。人道主义原则认为，作为一个人应当具有良心，应当理解他人，关心他人，同情他人，爱护他人。根据有关法律的规定，特别是《民法通则》第六章第三节侵权的民事责任中有关安全事故的赔偿的相关规定，是进行学校治安救助的重要法律依据，因此，人道主义原则和有关法律认可或者规定是学校治安救助主体形成的前提条件。其次，根据未成年人保护法规定，救助主体是任何单位或者个人，它包括国家机关、武装力量、政党、社会团体、企事业单位、城乡基层组织和公民个人，当然也就包括学校、教师、监护人和学生自己。例如 2005 年夏季，双流某农村中学有四个作案分子利用夜深人静之机，翻围墙进入学校，将四位正在去上厕所的女生分别挟持到教室猥亵并企图强奸其中一位女生，有两位吓得不敢出声并任凭歹徒猥亵，而有一位却乘机高声呼救，被值班老师听到后，立即大声呼喊抓坏人，四个作案分子才闻风而逃，避免了更加严重事故的发生。因此，学校治安事故发生后，任何单位和个人特别是学校教师、学生都可能成为救助的主体。再次，救助主体要自觉参与救助。也就是说，凡是救助主体，都要从责任和人道主义原则出发，在自己力所能及的范围内自觉参与对学校治安事故的救助。

学校治安救助主体的特点是指救助主体同其他主体相比，有其自身的特殊性，表现在救助主体的广泛性和救助主体的差异性。首先，救助主体的广泛性，即凡是生存在中华人民共和国境内的任何单位和个人，出于人道或者法律的要求，都可能在自己力所能及的范围内成为参与学校治安事故救助的主体。其次，救助主体责任的差异性，即凡是在中华人民共和国境内发生的学校治安事故，任何单位和个人，都可能参与救助。但是这种救助的主体是不一样的。个体救助（责任人除外）往往是出于人道主义精神。对于责任人和具有特殊身份的个体如学校领导、教师、医生、相关单位的领导、政府官员等，他们的救助既是人道主义的要求，更是法律赋予他们的责任。否则，就是失职，就要承担相关的法律责任。

根据学校治安救助主体在救助中所承担责任的情况可以将救助主体划分为责任主体和非责任主体两类。责任主体是指依法必须参与学校治安救助的学校教师、医疗机构及其有关主管部门和人员，他们不管与学校治安事故的发生有无关系，事故发生后，都要在各自的职权和能力范围内，无条件、积极地、主动地、创造性地参与救助，否则就是失职。非责任主体是指与学校安全事故发生没有关系，对事故发生后的救助也不是他们必须的责任，他们完全是出于人道主义，自觉参与救助。如主动报告有关主管部门，主动报警，对受害者进行心理安慰、捐助等。我们应该积极提倡非责任主体积极、主动、创造性参与救助。否则，他们有可能会受到社会舆论和自己良心的谴责。

学校治安事故救助主体要能够充分发挥自己的作用，还应当具备基本的条件。这些基本条件包括：组织条件即学校单位要建立治安事故救助的组织，明确救助组织救助责任；制度条件即学校要建立健全治安救助制度，包括对治安救助人员的选拔制度、培训制度、救助责任等；人员条件即学校要确保时时处处有一定的责任教师在任何条件下，只要发生治安情况，都能有救助人员参与科学救助；物质条件即学校要保证治安救助主体进行救助需要的如自卫物资、经费和必要的药品条件。

2. 学校治安事故救助对象

学校治安事故救助对象是指依照人道主义原则和法律的相关规定，救助主体施救的对象。

根据救助对象是否治安事故发生的责任人，可以将救助对象分为对受害人的救助和对责任人的救助。首先，对受害人的救助。这里的受害人是指学校安全事故发生后，受到伤害的一方。如两位同学打架，甲把乙打伤，急需救助的对象是乙，此时，救助主体首先应当把乙送往医院，只有在乙的治疗有结果后，才谈得上其他方面的赔偿问题。其次，对责任人的救助。对责任人的救助应当从以下方面进行理解：责任人也可能受伤，在这种情况之下，我们也应该本着人道主义精神，及时将其送往医院进行治疗；另一方面，如果责任人没有受伤，我们应当对其进行其他方式的救助，如进行教育，这是一种心理救助。另外，如果责任人对受害人造成了无法挽回的伤害，则需要依法追究其法律责任，这是对责任人的一种最有效的强制法律救助。

学校治安事故救助对象有其自身的特点。首先，它是以学校治安事故的发生为前提，如果不发生学校治安事故，那么救助的对象也就不存在。其次，要有损害发生，没有损害，就不需要救助，也就没有救助对象。

3. 学校治安事故救助渠道

学校治安事故救助渠道是指救助主体对救助对象进行救助时可能采用的救助途径和方式。根据救助主体的情况，我们可以将学校治安救助渠道划分为自救和他救。

自救。自救是指学校治安事故发生时或发生后，受害人在自己力所能及的范围内所展开的自己救自己的活动。例如某学校高一年级张某遭遇一名擅自闯入学校的社会青年的棍棒袭击。起初，张某为了避险，拔腿就跑。可是，这名社会青年穷追不舍，在追上张某时，持棍向张某打去，情急之下，张某顺势一脚向社会青年踢过去，正好踢中其要害。当他因疼痛本能地保护自己时，张某向学校保卫处的老师求救，在保卫处老师的帮助下，将该青年扭送到了派出所。张某的行为是一种自救的行为，而且是典型的正当防卫。又如，遇到拦路抢劫的歹徒，可以将身上少量的财物交给歹徒，与之周旋，同时仔细记下歹徒的相貌、身高、口音、衣着、逃离方向等情况，待事后立即向公安部门报告，这也是一种自救的行为。这种自救是紧急避险自救。还有不跟随陌生人走，不在水边玩耍，不玩火等都是自救行为。学校的领导、教师也要创造条件，教育学生树立自救的观念，训练学生的自救能力。一定条件下，学生在遇到危险或者威胁时，选择自我救助的关键救助。

他救。他救是指借助他人或者外在的力量对学校治安事故进行救助。他救包括学校救助、社会救助、准司法救助和司法救助。

学校救助。学校救助是指学校发生治安事故后，在学校管理者特别是校长的领导下开展的自救工作。实际上，凡学校发生的安全事故，即使学校对治安事故无任何过错，但是，如果治安事故发生后，学校处理不当，如向有关部门汇报不及时，选择的救助方法不妥，或者延误了救助时间，都可能导致治安事故的扩大，都将面临承担责任的残酷现实。也只有学校有力有效地参与救助，才能将治安事故的损失减到最低。

社会救助。社会救助是指全社会依据法律的规定和人道主义原则，在学校治安事故发生后自觉地对受害者进行的救助。没有全社会特别是政府、教育局、防疫站、医院的参与，对学生的救助也可能成为一句空话。

准司法救助。准司法救助是相对司法救助而言的。它是指通过仲裁或者调解渠道对学校治安事故的救助。

司法救助。司法救助是指在他救的各种渠道都不可能很好地解决学校安全事故而不得不寻求法律帮助，通过司法的手段来解决治安当事人双方的纠纷。

4. 学校治安事故救助形式

学校治安事故救助形式是指采用哪些方式对学校安全事故当事人进行救助。学校治安事故发生后，大致可以采用五种方式进行救助，即人道主义救助、经济救助、保险救助和心理救助。

人道救助。在学校治安事故发生后，作为学校，无论其对事故的发生是否负有责任，都应当从人道主义角度出发对受害者给予救助。这种人道主义救助的方式是多种多样的，可以是看望慰问，可以是护理，也可以组织捐款。

经济救助。经济救助是指在学校治安事故发生后，责任方根据一定的法律规定，对受害方支付一定数额的经费。这里支付金额的多少要根据责任方在事故中应承担责任的大小而定，同时还要依据受害方所遭受损害的程度，不能够想当然地进行索赔。

医疗救助。学校治安事故发生后，特别是造成了人员伤害时，不管伤害是否严重，都应当将受损害者在第一时间送往医院进行救助。医院及医生都要遵循人道原则，实行救死扶伤，及时进行诊治。对严重受损害者要进行追踪治疗，直至痊愈，否则就是失职，要承担相应的法律责任。

保险救助。学校里的每一个人，无论是教职工还是学生都应当投保，一旦发生了伤害事故，由保险公司及时按照投保等级理赔相应金额。这种向保险公司理赔的救助就是我们常说的保险救助。

心理救助。有些学校治安事故的发生不仅会造成显性的身体伤害，往往还伴随着隐性的心理伤害。例如发生的校园暴力、恃强凌弱、抢劫、强奸、绑架等治安事故，仅采用一般的生理救助方式是不够的，最需要的是对他们进行心理救助，如从心理方面对他们进行疏通，千方百计让他们尽快走出心理阴影，忘记过去发生的事情，并坚定战胜困难的信心，克服自身心理障碍，恢复健康心态，愉快地学习和生活。从某种角度说，治安事故发生后的心理救助比其他任何救助都重要。

5. 学校治安事故救助保障条件

学校治安事故救助保障的基本条件应当包括组织保障条件、法律制度条件、物质经费条件、救助文化条件和应急预案条件。

救助主体必须依据法律的要求，建立健全学校治安事故救助组织，明确学校治安救助组织负责人的责任。这是学校治安救助能够正常进行的前提。法律制度条件是国家权力主体或者学校管理者根据法律要求，通过规范程序讨论和制定，用规范文字表述，明确各级救助主体职责、权利的文件，它是各级各类学校治安事故救助主体依法参与救助的根据。进行学校治安事故救助，涉及各个方面，需要必要的物质经济条件，特别是重大学校事故，必须耗费必要的甚至大量的人力、物力，如交通费用、医疗费用等，没有必要的物质经费条件，可以说，学校治安救助就很难顺利进行。救助的文化氛围是人们在长期潜移默化中形成的一种关心他人、帮助他们、爱护他人的人道主义精神氛围。这种精神氛围是我们进行学校治安救助的必要心理环境条件。学校安全应急预案就是指学校对可能出现的突发治安事故进行的事前救助准备方案。学校有了充分的准备，便于学校治安事故发生后，能够有序有效地进行学校治安事故救助。要做到把突发治安事故造成的损失控制或者降到最低程度，最大限度地维护学校主体的利益。

第二节 学校网络安全事故救助机制

一、关于“网络安全”的概念

传统意义上的“网络安全”有两类，一类属于技术性类，如对网络安全中预防病毒侵害、网络犯罪等方面的安全；一类是将网络技术与管理相结合类，如提升管理人员技术水平，改善网络安全设备，完善网络管理措施，从技术上保证网络安全等。这两类“网络安全”都是指网络本身的安全，探讨的都是网络技术本身的安全问题。本书讲的“网络安全”不是通常所指的网络技术安全，而是特指由于学校学生不当或者过度利用网络而导致的危及自身或他人的身心健康甚至生命和财产的安全问题，或指学生不当使用网络而导致的危及自身或他人的身心健康甚至生命、财产安全的一种社会安全现象。由于不当或者过度使用网络的主体是学校学生，导致自身或他人身心健康甚至生命、财产损害就是事故，所以又可以称为学校网络安全事故。这里的网络安全是同交通安全、饮食安全等同类型的概念。网络安全的内涵包括：网络安全的主体是学生；不当或者过度使用网络内容；危及自己身心健康或财产，或危及他人身心健康甚至生命或财产安全。网络安全的是非标准是看是否危及或严重危及自己或他人的身心健康甚至生命或财产安全。

二、学校网络安全的现状与特点

（一）学校网络安全现状

网络成瘾正是各种学校网络安全事故的重要诱因。一项针对北京市未成年犯管教所500余名少年犯的网络犯罪问题调查显示，曾经经常上网的占 43.6%，偶尔上网的占 25.5%；在经常上网的人中，因为没钱上网而去偷盗的占 62.5%，因玩网络游戏而导致犯抢劫罪的占 63.9%，犯强奸罪的占 23%。根据对成都市未成年犯管教所 1 039 名未成年犯进行的抽样调查显示，358 人在犯罪前曾经常进网吧，238 人曾有整天整夜在网吧上网而不归家的情况，分别占被调查人数的 34.5% 和 22.9%；其中强奸、奸幼、轮奸等性犯罪的 91 名未成年人，全部都在网上浏览过黄色淫秽内容。

在成都市少管所抽样的 200 名因网络引发犯罪的未成年犯问卷调查，收回的 191 份有效问卷中，仅从涉及因网络安全犯罪的情况来看，主要表现为拐卖、盗窃、贩毒、抢劫、诈骗、强奸、杀人、伤害等，其中抢劫、盗窃、强奸所占比例较大，分别为 23%、21%、21%；除此之外，自杀、离家出走等也是常见的表现形式。

依据安全危害的主体划分，可将学校网络安全划分为两类，即危及自己身心和财产的网络安全、危及他人身心和财产的网络安全事故。

1. 危及自身的学校网络安全

首先，对学习的危害。学生首要的任务便是学习，一旦上网成瘾，则会想方设法把一天尽量多的时间放在网上玩游戏、聊天，顾不上学习与休息。即使是学习时，也心不在焉，常浮现游戏情景。久而久之，他们逐渐丧失了学习兴趣，视旷课、逃学为家常便饭，不把学习成绩下降甚至辍学当一回事。如德阳某初中一个学生原来成绩一直都是年级的前几名，头脑也很聪明，但自从迷恋上网络游戏后，常常逃课，就算是在课堂上，也是在睡觉或者心不在焉，成绩直线下降，最后连高中都没考上。

其次，对生理的危害。据有关调查显示，网络成瘾者使用计算机的时间每周超过 20 个小时，这对他们的身体造成了不同程度的损害。这种损害包括计算机电磁波辐射的危害、对视力的危害、对神经内分泌等系统的损害、对身体功能的损害。世界卫生组织通过大量的实证研究表明，电磁辐射有可能诱导癌细胞产生，从而导致神经系统、内分泌系统、免疫系统的失调及各功能器官的损害。医学研究证实，眼睛长时间注视电脑屏幕，视网膜上感光物质视红质消耗过多，会导致视力下降、近视、眼睛疼痛、怕光、暗适应能力降低等眼疾。网络成瘾者使用电脑时，眨眼频率降到每十几秒甚至二十几秒一次，而正常人每五六秒一次。调查结果显示，经常使用电脑的人，31.2% 的患有干眼症，近 90% 的会出现眼睛疲劳、发胀、酸疼等现象，75% 的人会出现视物模糊。中国台北一名 12 岁的少年在两天之内连续上网 16 个小时，导致近视突然增加 400 度。很多研究显示，网络游戏使孩子的身心健康承受了更多的风险，这包括对身体各个机能和器官的损害，等等。如德阳某中学初三的一个学生，对网络极度痴迷，已经到了可以半个月不回家，不到万不得已不睡觉、不吃饭，连母亲给的仅仅五角的早餐钱都要留下来上半个小时的网的程度，经常逃学，常常饿饭，身体、学习受到了严重的危害。

再次，对心理的危害。初中生正处在多元化发展思维的关键时期，是情感体验的高峰阶段，快乐、兴奋、喜悦等情绪能够促进身心的健康发展，而网络成瘾恰恰对心理造成了伤害。网络成瘾使人的认知发展受阻。由于网络交流途径的单一，认知方式的刻板，可能会导致相关神经系统突触链接次数减少。若过度使用网络，可导致认知超载和认知麻痹，影响思维的深度和广度，引起思维惰性，甚至导致焦虑症状；若过度使用网络，会出现时间观念丧失的倾向。网络成瘾使人的反应机能失调，因过度移情网络世界，使现实情感更趋于冷淡，网上网下判若两人，现实自我与“虚拟自我”的角色倒置，可能导致自我情绪反应机能的严重失调。

最后，危及自身安全。网络成瘾可能导致学生离家出走、突发疾病、自杀等，如齐某，18 周岁，成都地区某县中学高二男生。性格内向，不爱说话，迷恋网络，经常离家出走，且出走的时间一次比一次长，最后一次长达 6 天，出走期间的大部分时间都在网吧度过。其曾在中考结束的暑假期间，极度迷恋网络游戏，经常通宵上网玩游戏。上课时间经常趴在桌上睡觉，对学习失去兴趣，学习成绩每况愈下。有一次由于上网时间过长，身体极度疲劳，结果导致肾衰竭，幸亏及时被父母发现，送到医院抢救。又如重庆合川区某大学的女生陈某一年前在网聊时认识了喜欢上网的胡某，二人越聊越投机，在网上以夫妻相称。没想到网上卿卿我我的“老公”，网下竟是“色狼”。2006 年 4 月的一天，胡某与好友江某共谋，将陈某与其同班女生李某双双骗出学校，两人惨遭轮奸后又被逼卖淫。这次问卷调查的 200 名未成年人犯，都是因不当使用或者过度使用网络，百分之百危及自己安全特别是身心安全。

2. 危及他人的学校网络安全

危及他人安全主要包括由于各种不当上网行为引发的各种违法或犯罪，如因“网资”不足而引发的抢劫、抢夺和盗窃等违法犯罪；因网上黄色淫秽内容及网恋的影响引发的性犯罪；因网上暴力游戏内容潜移默化的影响而引发的绑架等暴力型犯罪等。如 2006 年 4 月 21 日晚，四川省自贡市某县一位七旬太婆被人杀死在家中，凶手竟是被害人年仅 13 岁的姨孙小淘（化名）。小淘是在校小学生。警方查明其犯罪动机为上网经常被母亲责打，宁愿坐牢也不愿回家，为进监狱，对亲人连下毒手。4 月 21 日下午放学后，小淘走进学校附近的一家网吧上网。晚上 9 时，上网费告罄，正在兴头上的他向同学借钱未果，遂冒出到姨婆家“搞钱”的歪念头。他借网吧老板的电瓶灯来到姨婆家，在厨房里找到一把菜刀进入姨婆卧室，将姨婆杀死，姨婆死后，小淘从其衣服内找到 90.60 元钱。作案后，小淘从容地走出姨婆家，再返回网吧继续上网。23 日，小淘被公安人员抓获归案。又如四川金堂某学校 17 岁的洋洋（化名）沉溺网络游戏两年多，竟把金堂县某镇一座通信机站当成“取款机”，没钱就去拆卸部件当废品卖。因不满维修人员将机站由铜件变铝件，价值 120 万元的机站被他付之一炬，并在一扇墙壁上用粉笔留下“若不把机站部件更换铜件，我还烧毁其他机站！”的挑衅语言，使金堂辖区内部分手机都同时成了“哑巴”。据洋洋交代，他在焚烧机站前，曾 9 次盗窃机站内设备当废品卖，所获赃款全部用于上网开销。警方介绍，洋洋给移动公司造成直接损失至少

130 万元，此案成了近年来成都最大一起特大破坏通信设备案。学校网络安全问题，给他人和社会造成的危害是显而易见的。

（二）学校网络安全事故的特点

根据对成都市未成年犯管教所 191 份有效问卷相关数据的统计和对搜集的 57 例学校网络安全事故的分析，发现目前学校网络安全的现状呈现以下特点：

1. 男生比例显著高于女生

据被调查学生上网数量分析，女生上网人数多于男生，但男生网络成瘾比例则高于女生。男生上网成瘾的比例占网络成瘾学生总数的 66.67%，女生网络成瘾占 33.33%。这就导致学校网络安全事故的发生在性别上有明显特征，即男生因不当上网而发生安全事故的比例远远高于女生，高达 79%，女生则只占 21%，女生中 99% 属于事故的受害方，如被网友拐骗、强奸等。

2. 年龄越低事故发生率越高

14 岁比例最高。因网络而犯罪的 191 名 14 岁至 18 岁的未成年犯中，14 岁的占 40%，15 岁的占 23%，16 岁的占 17%，17 岁的占 18%，18 岁的占 2%。在一定的年龄段，呈现年龄越低事故发生率越高的特征。

3. 网络安全事故多发生于夜间

在对学校网络安全事故每日时间段发生量的分析中我们发现，191 起事故有 92 起发生在夜间，下午 38 起，中午 35 起，上午 26 起。

4. 事故发生地点多在校外

在对 57 例典例的分析中发现，发生在校内的学校网络安全事故极少，发生在校外的占绝大部分，其中网吧 10 起，学生家中 12 起，校外其他地方高达 31 起，而真正发生在校内的只有 4 起。

三、学校网络安全干预机制的运行

学校网络安全干预机制的运行是学校网络安全干预的动态逻辑过程，是分工合理、责任明确、有机联系的有效操作技术系统。学校网络安全干预机制是一个动态的系统，主要包括两个大的环节：危机干预和事后效果评估。

（一）危机干预

危机干预是对可能引起网络安全事故的警情进行合理干预，以防警情演变为事故。学校网络安全预警机制发现警情并发布预警后，相应的学校网络安全干预机制就要立即作出反应，其干预机构应迅速投入干预工作。在危机干预过程中，干预机构的组成人员应严格按照工作制度，根据事先制订的干预方案，在学校、教师、家长、学生、社区等多方参与和配合下，综合采取各种预防手段特别是教育引导，必要时对相关主体协同采取强制措施，积极帮助干预对象克服和纠正各种不当上网行为习惯，消除或尽量减少客观环境对学生上网行为的不良影响，将警情尽量控制并消除。

（二）事后评估

事后评估是对干预对象的短期危机干预完成后，在随后的一段时间内进行追踪观察。进行危机干预效果的事后评估不仅可以检验应对策略和手段的可行性与有效性，而且是确保当事人安全的必然要求。通过学校网络安全危机干预的事后效果评估，可以检验出已经实施的干预方案是否有效，是否存在缺陷和不足以及工作制度是否完善，将检验结果反馈到干预机构，对原有的干预方案和工作制度进行修正和改进，再用以指导下一步的干预工作，以增强干预工作的有效性。

第三节　学校狗伤害救助机制

放眼西部学校，边远山区农村学校学生动物伤害问题特别是狗伤害学生的现状令人担忧。例如 2006 年 12 月 30 日下午 4 时 45 分许，一条黑麻犬在巴州镇后河桥油坊街咬伤 5 人，其中两人是学生，2005 年 10 月 18 日早晨，兴隆乡金鸭村小学的谭永明同学在路途中，被狗咬右腿和右手背，右手小指被咬断。2006 年 12 月 8 日，课题组一行在南江县一所小学调查学生伤害发生情况时，了解到该校三年级共 25 人中，有 18 人曾被狗咬伤过。如果说学校有的安全问题是难免的，也是人力不可抗拒的，但对狗伤害，只要我们学校和社会重视，防范有力，措施得当，就可以把狗对学生的伤害降低到或者限制在最小的范围之内。为此，对边远山区学校狗伤害救助机制进行研究，有现实的理论与实践意义。

一、学校狗伤害现状与成因

（一）学校狗伤害发生的现状与特点

在本次调查中，我们所抽样的西部山区 10 个样本中，近 5 年学生伤害事故中，学生被狗伤害为 300 例，占学生伤害的 25.2%。

我们对 128 名被狗咬伤案例进行了分析，发现学生被狗咬伤的事故呈现出以下特点：

（1）上升特点。近 5 年来呈上升趋势。从 2000—2006 年，被狗咬伤的案例从 4 例上升到 68 例，增长了 16 倍。

（2）时段特点。5～8 月是伤害的高峰期。每年学生被伤害时间基本上是 5～8 月，该时间段被狗伤害的学生占了全年被伤害的 54%；而 2 月和 10 月最低，分别只有 3% 和 2.5%。

（3）年龄特点。6 岁、9～12 岁是容易被狗伤害的危险年龄段。特点是 9～12 岁的学生是发生被狗伤害的高峰段，过了 12 岁开始直线下降。

（4）路途特点。统计显示，在上学、放学路途被狗所伤占的比例最大，为 39%。其次是在自己家中为 32%，再次是在他人家中为 29%。

（5）性别和个别特点。在被狗伤害的学生中，男生被狗伤害比例突出。被狗伤害的男生占到了 56%，而女生只占 44%。狗对学生的伤害一般在上学或者放学路途中遇到某只狗对学生的伤害或者在某家庭一只狗对学生的伤害，这种伤害中群体性伤害的几率比较小。从我们调查访问所获得的情况来看，基本上是个别伤害和分散伤害。

（二）学校狗伤害事故的成因

导致学生被狗伤害的原因是极其复杂的，从总的来说有内因和外因，有客观原因也有主观原因。但是不可否认的基本原因是地理环境原因和学生自身原因两类。

1. 山区地理环境原因

山区地形复杂，崎岖不平，交通不便，农户居住分散。每一农户都有养狗作为防盗的传统和习惯。再加上狗的自然交配，自然生育狗只不断增加，导致农户养多只狗。而农户养狗都是敞养，又没有坚持喂食，狗要外出找食，所以狗经常出没于庭院之间、田边路上，为山区学生的上学、放学增添了被伤害的隐患。再加上山区树林密布，道路弯曲，学生上学、放学路途比较远，家狗或野狗时常出没，也容易造成学生的伤害。在问卷调查中，几乎所有的学生都认为上学、放学途中有危险。

2. 学生安全意识淡薄

学生缺乏防护能力。在我们的调查了解中，大部分是因为学生对敞养狗特别是野狗缺乏必要的防范能力所致。这与山区预防狗伤害教育的滞后和学生年龄小也有一定关系。面对养狗农户和狗只数量逐渐增多的形势，很多学校或地方政府没有采取有效措施进行教育和引导。有的学校虽然进行了一定教育，但是对狗的管理学校根本没有办法控制，仅有的教育也显得软弱无力。往往把教育和管理的重心放在“不准怎样”上，而没有系统的、有效的预防措施，抓了标而未及本。这为学生被狗伤害埋下了诸多隐患。

冒险意识强烈。学生每天或者经常行进在充满狗安全隐患的路途中，很多学生存有冒险或侥幸心理，在没有安全把握下，不等待家里人或他人接送，也不结伴而行。有近一半的学生喜欢冒险，选择独自回家。由于一般山区人流量小，加上强壮劳力基本上都外出打工，对孩子的接送主要靠祖辈，而孩子图方便自由，选择自己回家。

逗狗、打狗时有发生。在被狗伤害的案例中，被狗莫名偷袭时有发生，但我们不难发现，小孩子对狗性没有正确认识，有 21% 的伤害案例是恶意逗狗，打狗造成的。

3. 家长安全意识淡薄

在农村，孩子家长一是认为不需接送。在他们的眼中，自己当年读书，也是走的这些道路，“穷人的孩子早当家”，读书就应该自己学会照顾自己。二是不能接送。在打工潮的影响下，加上山区经济主要是靠外出务工收入，所以，大部分农民选择了外出务工。在我们进行的调查中，父母有人在外务工的学生占据了学生总数的 78.5%，父母双双在外的学生也有 35.8% 之多。那么，家里仅有爷爷奶奶在家的，既要喂猪养牛、养鸡鸭，又要干农活，还有一日三餐，过多的家务琐事和农活让他们往往顾不上接送孩子。三是不能准时接送。很多人都把活计看得很重，特别是当农忙时，家里人总是要忙完手中的活儿再去接孩子，所以，接送孩子不能准时。四是学生结伴困难。由于各家的情况不一样，一日三餐的时间差距大。加上村民居住分散，所以，学生结伴比较困难，要与大孩子、有照顾能力的学生结伴更困难。这就使学生在路途中被狗伤害的可能性增大。

二、学校狗伤害救助机制

理性思考，如果学校狗伤害预警和预防机制建立完善、运行健康，发生狗伤害的可能性是非常小的。但是“天有不测风云，人有旦夕祸福”。狗伤害事故的发生也是不可避免的。万一发生了狗伤害事故怎么办？这就有一个救助问题。所以相应的，狗伤害救助机制的建立就成为必然。

（一）学校狗伤害救助的特点

同其他学生受伤害相比，每一次学校狗伤害事故发生，个别性、分散性和抱侥幸心理是最大的突出特点，因此就反映出了相应的救助特点。

1. 个别救助

在边远山区，村民居住相对比较分散，在经过教育资源整合过后，学生上学都比较远，除部分学校有住读条件外，多数学校没有住读条件，学生还得坚持每天回家，甚至每天来回四次。由于计划生育普遍推行，每家一般只有一个孩子，有条件的父母都把孩子带到打工所在地上学，余下部分家庭要么是留守家庭孩子，要么是没有经济条件到外地读书的孩子，所以在路途来回的孩子稀少，一旦遇到狗特别是野狗，容易发生狗伤害学生的事故。所以这时需要对孩子的救助是个别性救助的。

2. 分散救助

由于农村的狗是分散的，这些有过伤害历史的狗在什么时间、什么地点出没，学生会否在上学或者放学路途遇到狗，或者是哪一天遇到狗可能被伤害无法确定，对学生的伤害在什么时间，发生在哪一位学生身上，发生在什么地点也没有办法确定，也不可能确定，导致狗对哪位学生可能伤害无法预测。狗伤害学生的事故发生后，被伤害学生可能选择到学校救助老师，也可能返回家庭求助家长，也可能被附近成人送到医院求助医生，这反映了可能参与救助的主体分散。这些决定了狗伤害救助具有时间的分散、地点的分散、参与救助主体和被救助人员的分散的特点。

3. 容易被忽视的救助

由于农村交通不便，经济落后，家庭经济收入极端有限，再加上传统观念影响，把狗伤害视为正常现象，当孩子回家告诉家人，家里人也可能采取简单的方法进行处理。就是学生到了学校告诉老师，学校经济也有限，一般的做法也是将学生送到当地医院救助。

当地医院条件也有限，也不一定储备有预防狂犬病疫苗，也可能抱侥幸心理而忽视狂犬病疫苗的注射，只进行简单的处理。

4. 不需要复杂关系的救助

边远山区学校狗伤害救助只要具备几个条件就可：一是发现有学生被狗咬伤，不管是被伤害学生，还是学校教师、家长，或其他人都要具备预防狂犬病毒的观念，自己要及时到或被送到有条件的医院进行伤口处理，并及时注射狂犬病疫苗。二是在一定防疫区域范围内，条件具备的地方特别是经常有狗伤害的地方，每所医院都要储备狂犬病疫苗，以备急用。三是狗对学生的伤害实行发现者和医院共同责任制，即发现者负有无条件送伤者到医院救助的责任，医院对送来的被狗伤害的学生实行无条件伤口处理和狂犬病疫苗的注射救助。政府对狂犬病疫苗注射实行免费制度。

（二）学校狗伤害救助机制

狗伤害救助不是复杂关系救助，核心是及时进行伤口处理和狂犬病疫苗的注射。所以边远山区伤害救助机制也不是复杂的机制。狗伤害救助机制包括组织管理系统和救助实施系统两部分。

1. 组织管理系统

组织管理系统就是承担被狗伤害学生救助责任管理主体和相应责任制度。根据狗伤害救助的核心要求，救助的管理主体应当包括三个部分，即政府、教育管理部门和卫生管理部门。救助管理主体的基本责任是，负责狗伤害救助的组织领导，全面负责组织和管理狗伤害救助工作。如狗伤害救助责任制度的建立、狗伤害执行主体责任追究制度的建立、狗伤害救助实施有效开展的监督和检查、狗伤害救助知识的宣传和普及、狗伤害救助药品特别是狂犬病疫苗储备的督促和检查、狗伤害救助信息搜集和反馈等。

2. 救助实施系统

救助实施系统就是对被狗伤害学生承担具体救助特别是伤口处

理和狂犬病疫苗注射的系统。该系统核心包括三个部分，即学校、医院和村民委员会。发生狗伤害事件，任何组织和个人特别是学校，一经发现有被伤害的学生，无条件送到医院救助。这就要求学校特别是狗患比较突出地方的学校，要有专人特别是班主任负责搜集学生被狗伤害的信息，做到及时发现被伤害学生，及时送医院救助。医院或者农村医疗单位不管什么时间，对学校教师、家长或者其他任何人送来的或自己找上门来的被狗伤害的学生要无条件及时救助，包括及时进行伤口处理，及时注射预防疫苗，及时记录在册并对病人进行跟踪观察。同时还要及时报告上级医疗管理部门。村民委员会是后续救助的帮助系统，因为在救助过程中要产生救助费用负担问题，根据农村处理狗伤害的民间传统道德和我国民法精神，救助所产生费用应当由发生伤害的狗的饲养村民负担。只要证据包括人证物证俱全，狗的主人明确，由狗的主人所在村民委员会责成狗主人支付所开支的费用。流浪狗伤害导致救助过程所发生的费用，经被伤害学生申请，医院出具医疗费用票据，村民委员会证明，乡镇人民政府民政部门批准，由民政部门依法支村。

三、学校狗伤害救助应注意的问题

责任制是保证狗伤害救助机制的运行，提高狗伤害救助实效的必要条件。特别是学生被狗伤害后，发现主体包括教师、家长、同学、狗的饲养人以及其他人，都要在自己力所能及的范围内负责报告，根据伤害情况，选择有效手段送医治疗。否则要根据情节，承担相应的民事或者行政责任，至少承担道义责任。承担医疗救助的主体是核心主体。在任何条件下，医疗主体本着人道原则，对未来负责的原则，对任何被伤害学生都要实施救助，否则要承担相应的责任。村民委员会要充分发挥自己后续救助的补充作用，在解决狗伤害救助经费纠纷中，要实事求是，维护被伤害学生的合法利益。

第四节　地震灾害学校救助机制

一、地震灾害概述

人类社会发展的历史，实际是一部人与自然灾害不断抗争与演进的历史。抗御自然灾害始终和人类的进步与发展相伴随。1976年7月28日唐山大地震，一分多钟就把繁华的唐山市变为废墟，导致了24万余人失去鲜活的生命；2005年6月19日黑龙江沙兰镇特大洪涝中，沙兰中心小学105条生命突然被洪水吞没；2006年7月26日江西一座兵营遇山洪空袭6人遇难、38人失踪；难忘的2008年四川汶川“5 · 12”大地震，一分多钟就导致遇难68 000余人，18 000余人失踪，受伤36万余人，1 000余万人无家可归，震惊了全国，震惊了世界，等等。这些永远的伤痛沉重地撞击着我们的心灵，像一只大手笼罩在人类的头上。

尽管人类的科技已经达到了较高水平，但是比起奥秘无穷的大自然还是显得极其渺小，自然灾害还不能完全被人们控制，特别是西部特殊的地理气候、自然环境，又决定了具有很多“意外”，加之各种人的因素，使人们特别是处于特殊条件的学校在突如其来的自然灾害面前显得格外无能为力，自然灾害袭击给学校师生生命财产造成的损失就更为惨重。

所以，研究西部学校自然灾害预警与救助，要首先考虑教学楼的教室容量，按托儿所10～20人、幼儿园20～30人、小学30～40人、中学40～50人设计，总班级数一般控制在40个之内，最多不超过60个班级，严禁学校超规模、班超学额现象发生。

为了预防大地震、泥石流等给学校带来毁灭性灾难，学校选址要有稳定的地质结构，坚持做到向阳、通风，气候、水文条件比较稳定，地势平坦较高的地方。为了在遇到大地震时学校能够为周围其他居民提供临时安全避难所，要根据学校所处的地理位置，适当提高学校校园面积规划，增加学校建筑容积率或生均校园面积，根据需要配备和完善学生运动场所，包括篮球场、排球场、田径或者足球场（大灾难来临时救灾直升机降落场）、羽毛球场，有条件的地方，还应当将游泳池（大灾难来临之前的蓄水池）等设施纳入建设规划。

实施校舍安全保证工程。2009 年 3 月 5 日温家宝总理在政府工作报告中表示，“实施全国中心学校校舍安全工程，推进农村中小学标准化建设。要把学校建成最安全、家长最放心的地方，提高中西部地区校舍维修标准”。为了实现这个目标，要对目前西部在用校舍进行全面的防震检查，对不符合防震要求的校舍要建立乡、县、市、省、国家五级台账，根据轻重缓急，分别落实整改维修责任，纳入加固计划，并进行逐个验收，力争 2～3 年时间，完成维修加固计划。为了保证新修或者维修加固校舍的质量，学校校舍实行设计、建筑、质量监督和验收责任人实名公开和在建筑上刊刻的制度。为了国家和民族的未来，政府部门在制订学校建设规划中，要注意实现学校建设六点基本要求，并切实将这六点要求变为现实。确保学校“最安全”，这既是千百万家长的希望，国家、民族未来发展的希望，也是从根本上预防地震对学校师生生命损害的要求。

二、学校地震救助机制

大地震是人力不可抗拒的自然灾害，在大地震前人类还是显得非常渺小。虽然现代经济条件和科学技术都有所发展，房舍设防标准进一步提高，但是大地震特别是那些特大地震还没有完全被人们认识，大地震还随时威胁着人类生命财产安全。我国虽然有了 1976 年河北唐山，四川松潘、平武发生的两次大地震血的教训，但是 2008 年 5 月 12 日 14 时 28 分，大地震突然袭击北川、汶川等地，导致四川 10 个县（市）基本受到毁灭性打击。仅以学校为例，大地震后，在几十秒之内，学校校舍基本上被毁，大量师生被埋进了废墟，如北川县北川中学六至七层高的主教学楼塌陷，当时正值上课时间，21 个教室里师生约 1 000 人，除个别逃生以外，大部分被掩埋在废墟下。绵竹市包括两所幼儿园在内的7所学校倒塌，1 700 人被埋。青川县木渔中学有一栋三层学生宿舍楼在这次地震灾害中完全坍塌，地震发生时有400多名学生正在里面午休，其中139名学生逃生，285人被埋。所以，大地震发生后，救助机制的立即运行，是国家的需要，民族的需要，人类的需要，“万众一心，抗震救灾”。学校是未成年人集中的地方，遇到大地震学校首先就需要及时救助。所以学校地震灾害救助机制就是指发生地震后对学校师生实施帮助的机制。根据参与救助主体的情况，地震的学校救助机制可以分为学校自救机制和学校的他救机制两类。

（一）地震的学校自救机制

所谓地震的学校自救机制是指根据地震灾害特点，以学校校长和师生员工为主体所建立起来的发生地震过后的学校自救运行系统。该定义的含义为：是一种学校自救运行系统；是有组织、有制度的学校自救保障系统；该系统不同于洪灾救助系统而是根据地震造成灾难特点建立起来的自我救助系统。地震的学校自救机制是由自救主体、自救对象、自救手段和自救制度四个基本要素构成的运行系统，是有机联系的整体。

首先，自救主体。自救主体主是指在大地震发生后，劫后逃生出来的学校、社会有关领导、教师、学生或学生家长共同组织起来的地震自救组织和人员，还包括大地震发生后有逃生机会被压在废墟中的师生自己。因为不管学校地震灾害事前组织如何严密，但是大地震发生在何时何地目前还没有办法准确预报。如果严格按照事前的静态救助组织可能就会失去指挥和领导，可能就会失去很多生命的抢救机会。所以我们说，要树立一种新的观念，“动态震后自救主体”，即大地震发生后，劫后余生的学校、社会等，特别是学校师生、社会成员在一定条件下都应当组建自救组织，每个有能力的没有受伤或者劫后余生者都是自救主体。这里的自救主体有三个意思。

一是从学校这个角度来说，学校是当然的自救主体。大地震发生后，劫后余生现场学校管理者谁职位高，谁就是自救组织者和指挥者，立即组织开展自救。校长和副校长、主任都压在废墟下，第一时间到场的教师就是组织指挥者，组织开展自救。如果没有校长、教师在场，第一时间在场的学生就应当建立临时救助组织，组织指挥开展自救，或者根据自己的能力开展自救。例如四川省绵阳市平武县的张春玲是一位面部重度毁容，左手截肢的残疾学生，在地震发生时，由于住在一楼，她和一些同学率先跑出了宿舍楼。当她见到同学苏小琴被埋在废墟下时，她毫不犹豫地用残缺的手，飞快地扒开压在苏小琴背后的砖石，然后跪在地上，使出浑身力气用肩膀顶住石头向后推。苏小琴终于被救了出来。当把苏小琴转移到安全的地方后，她又连忙跑回正在垮塌的教学楼，去救一个在乱石中被砸伤而在地上挣扎的小男孩。如此往返三次，张春玲冒着生命危险救出了三名同学。晚上，张春玲又组织 10 多个同学为受伤同学喂药、喂水。从学校食堂的废墟里挖出了一些粮食，找来一口锅为同学们熬稀饭。地震中张春玲不顾自己重度伤残之躯，三次冒死返身救同学，组织同学自救，用坚强谱写了学生自救生命的赞歌。又如 2008 年 5 月 13 日，在地震中心映秀小学，余生下来的教师冒着危险和大雨开展自救。当知道上游形成多处堰塞湖、映秀小学随时可能被淹没的时候，映秀小学教师一个也没有离开，与坚持下来的家长一起，硬是靠人工力量从教学楼顶部打开了一条很小的生命通道，成功救出 30 多名被困孩子，事实证明学校教师和学生是学校自救不可缺少的主体。

二是遭到大地震威胁或者被埋在废墟里的师生要自救，他们也是自救的主体和自救组织的成员。例如，四川省北川第四中学 2009 级 10 班学生王亮在这次大地震中有力地证明了学生是自救主体。他和同桌一起被埋在走廊的楼板下面，几根裸露的钢板挡住了他们。他们用力把钢板弯曲，然后很快爬出来。爬出废墟的他们开始在废墟中来回奔跑，大声呼喊同学的名字，他们的呼唤立即引来废墟下面无数的回应。当前来参与救助的人们剪断横七竖八的钢筋，用铁锹等工具费力地在废墟上挖开了一个小洞，可这个洞实在太小了，大人们无论如何想尽办法，谁也钻不进去。王亮说：“我去！”就在人们犹豫该不该让这个才从废墟里爬出来的少年钻进废墟下面去的时候，他已经趴下身子向洞里爬去。他先刨开了徐羽身上的砖块和水泥，向洞外示意。然后，他费劲地把徐羽送出了废墟。但是，他没有办法挪开压在龚悦和史林艳身上的重物。徒手、力薄和疲倦使他陷入了绝望。他只好先爬出来，把里面的情况报告外边等候的人们。随后，他就一直守在这个洞口前，等待自己的同学被救出来。夜幕降临后，他再次钻进洞穴。由于上方的压力减轻，史林艳身上的重物终于被他挪开了。晚上9时，史林艳被救出废墟。洞穴里剩下左腿被死死压住的龚悦一个人。他留下来了，留在洞里陪着自己的同学，不停地和她说话。少年细心地发现女同学的头下是很硬的水泥块：他脱下自己的衣服，垫在同学的头下，让她躺得更舒服一些。13 日清晨，及时赶到的救援大军终于将龚悦救出。又如，汶川县映秀镇小学二年级9岁学生班长林浩，大地震发生时，他和很多同学被压在废墟下。当他艰难地爬出废墟后，他选择的不是离开，而是两次折回废墟背出了被埋的另外两名同学交给校长，使他们成功脱险。2009 年 6 月，林浩被评为抗震救灾优秀少年，他是汶川地震中年龄最小的救人英雄。王亮和林浩同学自救的故事，反映了从废墟中爬出来的同学是救助其他同学的主体；被埋在废墟中的同学保持体力，增强活命信心，自我安慰等待他救，也是自救主体。所以我们说，遇到大地震后，幸存师生都可以根据当时的情况和需要临时组建自救组织，人人都要力所能及参与实施对废墟中的人员的救助，他们都是自救主体。

三是针对社会或者家长而言，社会其他人员或者家长是开展学校自救的又一重要主体甚至关键主体。一般来说，大地震发生后，劫后余生的社会成员特别是家长首先想到的是学校的孩子，第一时间赶到灾难现场的也可能是社会成员或家长。在这种情况下，社会成员特别是当地的领导或家长当然就是救助主体，要及时组织开展自救。例如“5 · 12”大地震发生后，地震中心映秀小学遭到毁灭性的破坏，第一时间赶到现场的是孩子们的家长。“他们扑向废墟，大声地呼唤自己孩子的名字。有的家长带来钢绳、麻绳、咬钳等工具”，“对那些不能立即施救的孩子，则一一开辟通风口，增加孩子们生存的可能性。”又如“5·12”大地震发生前，在都江堰向峨乡莲月村，乡党委书记罗鸿亮正在组织召开村道建设工作会。突然地面一阵强烈的晃动将他震倒在地。“地震了，大家赶快回乡上看看情况！”当他们赶回时映入眼帘的一幕让他们惊呆了：平时小楼林立的场镇，此时几乎全部被夷为平地。政府楼已化成一片废墟，水泥板钢筋下传来阵阵呼救声。“罗书记，中学埋了好多娃娃！”“带人过去！把路上看到的人都喊过去！”来不及想，罗鸿亮冲乡长付岷涛喊。付岷涛立刻带上 20 多个乡干部，冲向距乡政府几百米远的向峨中学，迅速组织能够组织起来的所有人，“先救娃娃！”“68 个孩子获救”，谱写了社会和家长优先开展学校自救的英雄赞歌。所以家长或当地社会成员特别是有关领导是学校自救主体，某种条件下是关键主体。

其次，自救对象。自救对象是指大地震发生后被掩埋或者被地震所威胁的自己。在学校主要是学生和老师。首先是学生。如果大地震发生在上课期间或者发生在夜间，在上课的学生、正睡觉的学生，若校舍比较稳固，学生有逃生的机会，救助对象首先是学生；教师或者学生自己一方面要有秩序地按照平时演习路线和地点组织逃生，另一方面如果没有逃生的机会，教师要组织或者学生自己要利用有利条件就地避难；如果教师和学生都被压在废墟下，劫后余生者首先应当想到救助的对象是学生。废墟中的救助工作完成后，地震后的临时安置、灾后重建首先考虑学校和学生等。大地震后对伤者的抢救，送医院救治优先是学生。对心理的抚慰或干预也首先是学生，对灾区学校升学、毕业、就业等优先、优惠是学生等。所以，我们可以说，自救机制中的对象首先是学生。如果学生自己被压在废墟下，自救对象首先是学生自己，换句话说，被埋在废墟里的学生要自己救自己，然后才是等待他人救自己。

再次，自救手段。自救手段是指在地震发生时，学校教师和学生在保持头脑冷静条件下应当选择和采取的自救方式和方法。这些方式和方法包括：逃生转移，就地自救，个人自信，相互安抚，组织自救，对外联系，心理咨询等。

逃生转移是指大地震发生后，老师或学生完全根据自己所处的环境和地理位置，如底楼或二楼甚至三楼教室等，结合平时演练路线尽量有序地从前门或者后门跑出教室到操场上或者空旷地方。实践证明，“有 80% 重伤员和 90% 的死亡者，是刚出门口时被砸或被压所致。”所以选择逃生转移要保持头脑冷静，要有把握，不要盲目。

就地自救是指无法选择路线，觉得不能立刻逃跑的，或来不及逃生的学生要保持清醒、冷静的头脑，及时判别震动状况，找到就地躲避灾难的方法。大地震发生后，切忌选择跳楼逃生。因为跳楼特别是二楼、三楼、四楼甚至更高楼层同学跳楼最容易导致伤害，这些同学最有效的办法是在室内或教室里用双手或者书包或有效工具保护头部就地蹲在书桌旁边，或者选择相对比较稳固的设备旁边蹲下或者趴下。如果在宿舍就应当紧抱住床柱蹲在地板上或者蹲在床铺旁边等，注意防止因地震坠落物伤害自己。国外科学实验证明，大地震发生后，最好不蹲在课桌或趴在床铺下面，因为蹲在课桌下面、趴在床铺下，受到伤害的可能更大。用美国国际搜救队长道格卡普的话说，“如果你依照小时候教师教我们的方法乖乖躲在桌子底下、床铺底下，那么，我必须告诉你，你的伤亡率高达百分之九十八”。同时要及时寻找机会，选择有效的逃生路径及时逃生。

个人自信是指如果自己被埋在废墟下，在自己清醒过来后，要保持头脑冷静，辨别自己受伤的情况，如果受伤就应当在力所能及范围内想办法处理，同时尽量辨别被埋位置或深度；要保持呼吸畅通，想办法避开头部、胸部的杂物；可能条件下要避开身体上方不结实的倒塌物或其他容易掉落的物体；可能的话要扩大和稳定生存空间，用砖块或坚硬物等支撑残垣断壁，以防余震发生后，环境进一步恶化；有坚定生存的信念，尽量保护自己的体力和心力。这是自救的有效手段。

相互安抚是指自己和其他同学被埋在一起，要千方百计相互鼓励和安慰，坚强活下去的信心，坚信有他人来救的信心；在医疗人员还没有到的情况下，被救出来的伤员也要积极配合抢救人员，轻伤帮助重伤，同学之间相互鼓励。自信心是自救的最好营养。

组织自救是劫后余生的当地成员特别是领导、校长或教师、家长、学生或者从废墟中爬出来或者救出来的未受伤教师或学生，立即组织起来开展自救，尽量把埋在废墟表层受伤和没有受伤的同学抢救出来。因为发生地震，必然影响交通、通信，他救人员及时到来往往非常困难，很难在第一时间得到抢救，有的还可能需要更长时间，所以组织自救是灾后救助、及时抢救生命不可缺少的重要甚至关键手段。

在组织自救过程中，还要立即分派人员或者请求当地群众千方百计同外界取得联系；特别是与抗震指挥部或者地方政府组织、解放军部队取得联系，争取外界的尽快他救，这是组织自救不可缺少的必要环节。

心理咨询是指如果我们感觉到自己不能尽快走出地震阴影，严重影响了自己的心理和身体或者正常参与到自救组织中，就应当主动向他人倾吐，或者主动求助心理专家和医生，或者想办法暂时适当改变自己所处的环境进行自我心理调整，使自己尽早恢复健康心态。心理咨询是灾后自救必不可少的手段。

最后，自救制度。自救制度是自救机制中不可缺少的要素，是自救机制有效运行的有力保证。自救制度包括事前的组织宣传制度、技能训练制度、临时组织的授权制度和救助分工责任制度。事前的组织宣传制度是指在没有发生地震时期或者平常对地震发生后自救知识、自救重要性和自救技能，自救机构组织进行广泛宣传制度。建立事前的组织宣传制度基本目的是要让学校每一成员都掌握地震基本知识与地震中、地震后的自救知识和树立自救意识，做到自觉预防或在发生大地震灾难过后自觉参加或者组织开展自救。自救的组织宣传制度是学校校长、教师、家长甚至学生树立在地震发生后进行科学、适当自救观念，保证自救有效开展的必要条件。自救技能是指开展有效自救的相关技巧和能力。比如地震中的有效避震或逃生技能、地震后的被埋自救技能、地震被埋后求救的技能、地震后自我心理调节技能等。而自救技能训练制度是进行地震自救技能训练得以实现的保证。临时组织授权制度是指用制度形式保证在地震发生后，授权学校劫后余生者包括教师、家长、学生、其他社会成员特别是有关地方领导临时组织自救、组织开展自救活动的制度。临时组织授权制度要载明劫后余生者在地震发生后自己在力所能及范围内自救和组织自救的权利、义务，自救组织形式和自救方式的选择，组织自救的激励机制等。这是保证地震发生后，开展自我救助的重要组织制度保证。

（二）地震的学校他救机制

大地震发生后，各级政府、全社会都会站在国家、民族、人道的高度立即组织救助，所谓地震的学校他救机制就是指根据地震灾害特点，以政府为主体，军队、医院、全社会参与，采用国家行政手段所建立起来的发生地震后的学校他救运行系统。该定义的含义是：地震发生后政府为主导、军队为主体、全民参与的学校他救运行系统；该系统是根据地震造成的灾难与学校特点，政府采用行政手段建立起来的学校他救系统；是政府组织的全民学校他救保障系统；学校他救系统是国家抗震救灾系统的重要组成部分。

第十章 分层学校安全事故救助机制

在实际的学校安全管理中，我国的学校实际还处在不同的层级。不同层级的学校，发生的学校安全事故既有共性，也有个性，那么构建的学校安全事故救助机制也应当既有共性也有个性。因此，本章根据学校所处的不同层级以及社会影响，分别对幼儿园和中小学两个层面、并结合不同层面发生的学校安全事故所产生的不同影响和特点，对相应的学校安全事故救助机制作进一步探讨。

第一节 幼儿园安全事故救助机制

幼儿因其特殊的生理和心理特点，在幼儿园的教育教学过程中极易发生安全事故。因而，从幼儿园安全事故的事实出发，针对幼儿园安全事故的特征和原因，借鉴其他行业的预警模式，对幼儿园安全预警与救助机制进行研究，有着十分重要的理论与实践意义。

幼儿园，是指接收并教育幼儿的机构。我国幼儿园一般接受3～6岁的儿童，教育内容包括游戏、语言、图画、手工、音乐、识字、计数等。幼儿教育，是指对入学前的儿童实施的教育。幼儿园安全事故，是指幼儿在幼儿园内发生的或虽在幼儿园外，但是在老师组织下发生的，对幼儿身心造成一定损害，甚至影响幼儿园正常活动开展的事故。它既包括因自然灾害、治安问题、食物中毒等带来的严重事故，也包括幼儿自己或相互酿成的磕碰摔伤等常见事故，涉及在幼儿园内或在园外教师组织下使幼儿身心受到伤害的相关事故。

本研究采用问卷调查、访谈调查、比较调查一系列调查的方法，以成都市区、近郊、远郊、农村等不同区域的幼儿园和不同性质的 11 所幼儿园为调查对象，对其抽样问卷调查和实地访谈，其中共发出问卷 200 余份，收回问卷 156 份，其中有效问卷 141 份。在此基础上，对获取的信息资料进行归类，以“分析现状—挖掘成因—预测趋势—提出措施”为研究思路，有依据地提出建立幼儿园安全预警与救助机制。

一、幼儿园安全事故现状及成因

（一）幼儿园安全事故现状与特点

由于幼儿体能差、平衡协调感弱、神经兴奋性高，即使在必要的幼儿活动中也存在着不可避免的安全隐患和安全事故。因而，相对于其他类型学校，幼儿园安全事故频发，并且呈现以下特点。

1. 个别性事故发生频率高

幼儿园安全事故的发生绝大多数都是幼儿在学习游戏生活中无意的自我伤害或者幼儿相互间的伤害，如摔跤、磕碰、划伤等。统计中发现，自我伤害分别占小班 53.9%，中班 70%，大班 48.6%，其余全是 2～3 个幼儿间的相互伤害，包括非交往活动中、玩耍嬉戏中无意发生的、争抢过程中发生的，这类事故一般都不会引起大面积或群体性的损伤，但在幼儿园中几乎每天都在发生，因此虽然事小，也不得不成为我们讨论幼儿园安全问题需要重视的一个方面。

2. 高频事故原因简单，防不胜防

幼儿园每天都可能发生个别性伤害，这些都出现在幼儿正常的生活、学习、游戏活动中，由于幼儿自身能力局限而突然发生，往

往让成人始料不及。这些伤害事故都是突然发生的，非蓄意的，很难发现先兆，其中占比例最高的“无特殊原因的摔跤碰撞”更是没有任何先兆。

3. 防范和救助主要靠成人

幼儿的生活和一切活动往往都是在成人的安排和指导下进行的，没有主观制造危险的隐患存在，在面对外来危险时，其自身认识、辨别、防范危险的能力差，因此对危险的预防需要靠成人控制为主，对幼儿的安全教育为辅。在对频率最高的摔跤碰撞事件发生的设施的统计中，如果摔跤碰撞事件无法避免，那么成人对这些设施的合理处理则可以尽可能地减轻幼儿在摔跤碰撞时所受的伤害。

（二）幼儿园安全事故的成因

幼儿特定的身心发展特点、教育教学设施、教学活动形式、季节因素、幼儿师资、教育环境等都会对西部幼儿园安全事故的发生产生影响。

1. 幼儿特有的身心发展特点对幼儿园安全事故的影响

首先，幼儿生理发展特征对幼儿园安全事故的影响。在幼儿园的各类安全事故中摔跤碰撞和高处跌落这两种类型的事故发生率明显高于其他事故类型，而在摔跤碰撞中无特殊原因造成的事故伤害在各类事故中高达 30%。究其原因，一是幼儿的皮肤角质层薄，保护机能较差，容易受损，因此在摔跤碰撞时擦伤、裂口、出血的可能性都很大。二是幼儿骨骼较软，相比成人而言缺乏力度；同时幼儿的大肌肉发育早，小肌肉发育晚，导致动作的灵活性和协调性相对较差。三是幼儿呼吸道比成人短小狭窄，喉、鼻的保护性反射功能较差，因此一旦异物进入，很容易发生异物嵌顿。四是幼儿的神经系统易兴奋，难抑制，常常容易激动，控制自己的能力较差，一旦活动起来就会对自己的游戏活动非常专注，忘乎所以，对本来认识的危险放松警惕，引发事故。

其次，幼儿心理发展特征对幼儿园安全事故的影响。在幼儿园，不管大班、中班还是小班，高处跌落、摔跤碰撞这两类事故的发生率都明显偏高，走失事故的发生在小班年龄段反映比较突出。这和幼儿心理发展特征紧密相关，3～6 岁幼儿大多好动、好奇、好模仿、好冲动，幼儿的很多行为是成人不可预料的，安全隐患可能是幼儿好奇的对象，操作能力的局限往往让幼儿弄巧成拙。在思维上，幼儿处于具体形象思维和直观行动思维阶段，对问题的思考都停留在表面，不能深入分析，不能透过现象看本质，不会举一反三。加上幼儿缺乏生活经验，对危险的认识薄弱，自我保护能力相对较差。在感知上，幼儿对距离和速度的估计尤其困难，因此容易发生意外伤害。

2. 幼儿园教育教学设施对幼儿园安全事故的影响

在幼儿园发生的各类安全事故中，与教育教学设施在很大程度上有着密切关系。造成幼儿伤害的主要设施比例最高的是地面，占 32.1%，其次是桌椅、床，占 28.4%。我们不难推断出幼儿受伤和幼儿园的设施设备存在安全隐患之间有密不可分的关系。

一所安全的幼儿园环境能大大降低事故发生率。众所周知，地砖硬，遇水容易滑；地板弹性相对较好，对幼儿来说摔跤、碰伤的程度会轻一些，但地砖比地板更耐磨耐用．更经济实惠。同样，要想把家具门窗的边缘处理得光滑圆润，所需的工艺和工序会很复杂，耗费人力、物力、财力会更多；盥洗间的防滑处理也需要根据投资选择不同档次的材料。除此之外，幼儿使用的玩具、学具等，也因材料、质地、形状打磨的不同而分出不同档次等。增加设施安全系数，势必需要大量资金的投入，显然．经济水平和对幼儿教育投入的差距也就使幼儿园的安全条件拉开了差距。

3. 幼儿教学活动形式和幼儿活动面积对幼儿园安全事故的影响

幼儿园是幼儿生活、学习、游戏的场所，各项活动是促进幼儿发展的必要手段，这些活动包括室内的和室外的，活动的和安静的，动手的和动脑的，知识的和技能的。然而，在各项活动中都存在着各种各样的安全隐患。

首先，室外活动的重头戏—户外体育锻炼场地及设施因经济条件缺乏保护措施，另一方面，室外比较宽敞，孩子分散面广，教师很难顾及每个孩子，预测不到种种突发事故的发生，这也使户外活动成为一日活动中的事故高发环节。

其次，幼儿生均活动面积不足，容易因拥挤而造成活动障碍。国家教育委员会和国家建设部发布的《城市幼儿园建筑面积定额(试行)》规定：幼儿“生均建筑面积应有 8.8～9.9 m^2”，幼儿“生均用地面积应有 13～15 m^2”，同时还规定：“幼儿园活动室使用面积不宜小于 54 m^2。”但我们在调查中却了解到大多数幼儿园面临的实际情况是室内面积基本达标，幼儿人数却翻了一倍，这些因素都导致了室内活动可能因拥挤发生幼儿相互碰撞、跌倒，桌椅板凳磕伤幼儿等事故。

再次，在室内组织操作的活动中，任何一种学习工具都可能成为幼儿伤害事故的“武器”，如画画的铅笔、剪纸的剪刀等。可见，这些幼儿在园必要的活动形式都存在发生伤害事故的可能性，但又不能因此而制止幼儿的这些活动，因此存在于幼儿身边的这类“隐患”是不可能被完全排除的。

4. 季节、气候等自然因素影响着幼儿园安全事故的发生

幼儿园安全事故的发生同季节、气候等自然因素是有着一定联系的，具体而言：

3 月、9 月，幼儿园的走失事故较为集中，占 7.4%。这时因为幼儿的分离焦虑比较突出，尤其对于新入园的幼儿来说焦虑情绪较严重，个别幼儿也会在教师不注意时逃出教师视线和管理范围；如果门卫管理制度不健全．或执行力度不够，在幼儿逃出教师视线的情况下，很可能进一步发展成逃出幼儿园，从而导致走失的情况发生。

5 月、9 月、10 月的摔伤碰撞事故发生率最高，为全年全部事故的 30.3%。主要是因为幼儿对新的环境充满着好奇，他们尝试性的探索行为容易导致伤害。从气候的角度来看，这几个月为春夏、夏秋之交，户外活动多，加之衣着单薄．增大了摔伤、碰伤的事故发生率。为庆祝六一排练节目，教师们不能保证一日活动的正常开展．幼儿的常规教育下降，情绪逐渐烦躁，很容易因组织不当造成不安全事故的发生。

11 月，小物件镶嵌的事故发生率明显上升。主要是因为此阶段幼儿的衣着逐渐厚实，身上藏匿的小物件不容易被发现，幼儿可能在教师不注意的时候因为玩耍不慎而使这些东西误滑入鼻孔、喉咙等器官造成严重后果。

6 月、12 月、1 月，虽然都临近期末，安全检查有所放松，幼儿自由空间大，玩耍过程中表现浮躁，但由于气候因素，12 月和 1 月发生安全事故的概率明显低于 6 月份。而 2 月、7 月、8 月多为寒暑假期，幼儿在园时间少，所以安全事故的发生也少。

5. 幼儿师资对幼儿园安全事故的影响

幼儿师资状况及其工作状态对幼儿园安全事故的发生同样起着不可忽视的作用。

首先，幼儿教师精力消耗的周期性变化对幼儿园安全事故的影响。自由活动、盥洗活动及场地交换等环节是事故的高发时间段，也反映了一种现象，那就是教师精力消耗的周期性变化带来的安全低谷是导致幼儿园安全事故的发生原因之一。据资料查证，每天上午 10：00 至下午 14：30 是幼儿园意外伤害发生的高峰期。教师在组织幼儿一段时间的活动后，思想由紧张状态进入放松状态，对幼儿的安全监护意识有所转移，而这时幼儿正从兴奋期转入疲劳期，体力和自控能力明显下降，在这种时候往往会因教师疲劳带来的注意力涣散而不能及时预见安全隐患和及时发现并制止幼儿的不安全行为。

其次，幼儿师资不足带来的照顾不周对幼儿园安全事故的影响。幼儿户外活动以及自由活动是事故发生率最高的环节，但这两个环节具有的共同特点就是教师可能看管不到全部幼儿，容易造成视线盲点，因而不能及时发现、制止危险事故的发生。另外，在过渡环节或者早、午、晚幼儿自由活动时，幼儿分布零散，也可能发生幼儿摔跤磕碰的事故。这些情况都和教师人力资源不足有密不可分的关系，国家对幼儿园的师生比的要求是 1∶6 或是 1∶7，一个班至少要配置两教一保。但据了解，这些规定往往只是在大城市中的公办幼儿园才得以保证和实行，在更广大的农村幼儿园、私立幼儿园根本达不到这一标准，甚至连最基本的保育员都不能配备，教师长期疲劳工作，事故的发生也就在所难免了。

另外，幼儿园班额严重超标，教师工作超负荷也为事故的发生埋下了安全隐患。

幼儿园班级人数应是 25～35 人。而事实上，不管是城市里的公办幼儿园还是农村里的乡镇幼儿园、私立幼儿园，各班人数都有不同程度的超标，县级及以下的幼儿园更是严重超标，而且，县级及以下的幼儿园大、中、小班幼儿的年龄段一般下降一岁左右，在这种前提下安全的保障可想而知。

6. 幼儿年龄偏小等教育大环境对幼儿园安全事故的影响

调查中发现了另一个现象，就是大部分幼儿园的幼儿年龄偏小，而这种情况在县级幼儿园、乡镇幼儿园中表现得尤为突出。以某机关幼儿园为例，将大中小班的幼儿年龄进行了统计，可以看出，目前在园幼儿的年龄分布普遍低于国家要求，其中 65% 低于国家要求，11% 严重低于国家要求，这与国家规定的幼儿园小班为 3～4 岁，中班 4～5 岁，大班 5～6 岁等相关规定严重不符。究其原因，首先，各幼儿园和小学学前班为了争夺生源，不得不往低年龄段招收幼儿；其次，家长对早期教育观念较以前也有了较大的提高，大部分家长都想尽早将幼儿送入幼儿园；再次，有的家长因工作繁忙没有时间照顾幼儿，想早早地将幼儿送入幼儿园省心省事。由于这些原因，幼儿入园年龄越来越小，自理能力越来越弱，幼儿伤害事故也就容易发生。

二、幼儿园安全救助机制的建立

幼儿园安全救助机制，是指幼儿身心一旦受到损伤即可立即启用的帮助幼儿身心恢复及权利维护的执行系统。我们一再强调预警、预防，但绝对无法保证这样就一定能让幼儿免受伤害，只能尽可能地将损伤程度降低，因此当损伤实在无法避免时，及时恰当地救助也是降低损伤的必要环节。

（一）幼儿园安全救助主体

救助只有快速及时才能减少损失。因此，救助应该在事故发生第一时间就开始进行，也就是说发现事故的第一人应该成为安全救助的第一责任人，也是幼儿安全救助的第一主体，这也符合“谁发现谁救助”的原则。幼儿园的教师、管理者及上级主管部门和相关职能部门视具体情况和各自的责任和能力条件都可能成为安全救助的主体。而幼儿监护人作为幼儿的完全责任人，也必然成为安全救助主体。医院是救死扶伤的专门机构，是幼儿园安全救助的当然特殊主体。根据未成年人保护法的要求，保护未成年人的安全是全社会的责任，所以一定条件下，汽车驾驶员，甚至其他公民，在需要参与的时候，也应当成为幼儿园安全救助主体。

（二）幼儿园安全救助的环节

一般情况下，不管什么样的事故发生，第一时间需要作出的反应都是救助伤者，同时维护现场；严重伤害事故或幼儿园不能确定事故发生严重程度的，如犯罪分子扰乱幼儿园秩序造成伤害，或幼儿集体中毒等事故，也必须在保护好现场、证人、证物条件下，想办法救助被伤害幼儿。对现场处理需等到公安机关或其他相关职能部门，如卫生防疫站等宣布可以撤销现场才能撤销；即使不需要专门的职能部门鉴定，也应等到有独立于民事责任主体以外的第三方了解现场情况以便作证之后再撤现场；有的需等受伤幼儿监护人了解现场之后再撤现场，这就同时给幼儿园管理者和教师提出了救助能力和法律意识两方面的要求。在伤者伤情稳定或交给专门的医护人员之后，保教人员应立即与幼儿监护人取得联系，如果是幼儿园医务室就能解决的问题，需电话或以其他通信方式立即告知家长，一方面争取家长的谅解，另一方面了解家长是否需要前来探视或有无其他要求；如果是幼儿园医务室解决不了的问题，需立即就近送正规医院就医，并联系幼儿监护人尽快赶到医院，共同处理问题，并争取幼儿监护人的谅解，以免延误使问题搁浅难以解决。出现伤害事件，需同时向上级主管部门汇报并请求相关职能部门协助救助。下面，我们就两种伤害情况分别提出不同的救助环节。

(1) 个别性轻微伤害，经园内医务室处理即可。

(2) 个别性较严重伤害，需送医院救治能完全康复。

（三）幼儿园安全救助的必要条件

幼儿安全事故发生之后，救助伤者是最重要而紧迫的任务，这一任务的完成需要各方大力支持，并提供救助的必要条件，包括制度、人力、物力、财力等方面的条件。

1. 制度的保障

制度是用于约束人、规范人的行为的，也是人们在解决问题过程中行为方式的依据。幼儿园应建立健全救助相关制度保障：一是对事故发生时谁救助、怎样救助、各方面工作如何协调、应急情况下责任如何划分等进行明确规定，避免事故发生之后相互推卸责任或顾头不顾尾的情况发生；二是允许救助受伤幼儿的人员，为了救助幼儿，在不会造成其他必然损害的前提下临时违反一些日常制度规定，比如经费申请及使用、出入幼儿园大门的常规管理规定等，以免救助者顾虑太多，延误救人。

2. 人力的调配

事故本身就是一种突发事件，而事故发生后的救助也随之而成为一种临时产生的任务，也就是说是一种在常规秩序之上增加的临时任务。任务的增加必然导致人力资源的缺乏。因此，在事故发生之后，本着“谁发现谁救助”“救人第一”的原则，发现者应立即着手进行救助，如果需要其他人员辅助，其他人员也应积极参与；

而对参与救助的人员本来正在进行的工作，幼儿园应立即派其他人员接替该工作直至救助人员重返岗位；对幼儿园自身的力量不能胜任的救助任务，幼儿园管理者应尽快与上级主管部门和相关职能部门取得联系，请求支援。上级主管部门要尽快采取措施，以行政命令方式调动人力参与救助，同时上级主管领导应到达现场了解情况或亲自指挥；相关职能部门接到求援信息后要尽可能地提供支援和帮助，不应推诿或坐视不管。这也给幼儿园提出了另一个要求，即在日常工作中幼儿园教职员工就应该熟知相互之间的联系方式，以便随时迅速查找使用。

3. 物质与经费保证

救助活动除了需要制度和专门人员的保障外，也不能缺少物资的保障。幼儿安全救助所需要的物质和经费，幼儿园或幼儿园后勤部门必须保证物质、经费尽快到位；幼儿园自身能力不能提供的，园长要立即与相关职能部门联系求援，或向上级主管部门汇报，相关职能部门要全力支持，必要时上级主管部门可以用行政命令的形式要求相关职能部门进行援助。在救助过程中，如果第一时间不能明确由谁支付救助经费，幼儿园要先主动垫付，以便幼儿得到及时的救治。如果幼儿送入医院，幼儿园暂时未能将所需费用及时送达，或者暂时无能力垫支所需经费，医院也要本着“救人第一”的原则，无条件抢救治疗。如果遇到特大幼儿安全事故，政府主管部门应当依法定程序和要求向幼儿园划拨专门的救助经费，以保证救助的需要。

（四）幼儿园安全救助责任制

安全救助尤其强调迅速及时，因此从思想上强化所有相关人员的责任心也就尤为重要。其中涉及的一切相关人员都应该在各自涉及的环节担负职责，并在违规或失误时承担相应的责任。

1. 教职员责任

幼儿教师及其相关人员在发生幼儿安全事故后，现场发现者不及时采取有效措施救助，或者没有维护现场，保留证据，或者没有及时报告园长，导致救助机会丧失，或者救助工作失误，要承担相应的责任。

其他幼儿工作者和医务工作者，在幼儿安全事故发生后，没有充分发挥主体作用，积极参与受伤幼儿的救助工作，或者借口临阵逃离，影响救助工作的及时展开，导致严重后果的，要承担相应的直接责任。

2. 园长责任

幼儿园园长未按幼儿安全管理规定建立健全幼儿安全救助机制，未将幼儿园安全救助工作纳入常规管理，未对幼儿园教职工进行安全救助必要性教育、技术培训的组织、管理纳入工作计划，安全救助预案设计不科学，导致安全救助不力或者影响救助工作正常开展，要承担责任。

幼儿园园长知道事故发生后，没有立即赶到事故现场，或者赶到现场指挥不力，或者没有按规定及时报告上级幼儿安全管理部门，导致对幼儿安全救助不力或者幼儿伤害事故扩大，要承担相应的责任。

幼儿安全救助监督责任制落实不力，或者幼儿安全救助工作未能发挥应有的作用，影响幼儿安全救助工作的顺利开展，甚全导致严重影响，负责监督相关责任人要承担直接责任。

幼儿园安全救助制度不健全、主体不明确、责任不落实，基本医疗保健设施设备不具备，影响安全救助工作顺利开展，园长要承担责任。

3. 主管部门责任

幼儿安全的教育管理部门，对重大的幼儿安全事故救助工作缺少有力的计划、组织、指挥、协调，或者救助计划失误，组织、指挥、协调不力，或者没有及时赶到事故现场，为幼儿园提供必要的救助支持和帮助，导致幼儿园安全救助失误，造成安全事故影响扩大，其主管领导要承担直接责任和领导责任。

第二节　中小学意外伤害救助机制

在 2006 年初举行的中国少年儿童安全健康成长计划理论实践与对策专家研讨会上，我国学者公布的一项研究结果显示，从新中国成立初期到现在，随着人民生活水平的提高，肺炎、传染病和营养不良正得到控制，而意外伤害已取代肺炎和传染病成为影响儿童生命质量、生活质量、身体健康的重要因素。通过对我国几个地区儿童的调查证实，意外伤害已成为 14 岁以下儿童死亡的首要原因，而且呈现发生率高、增长快、死亡高等特点。一项抽样调查表明，因意外伤害占死亡总人数的 26.1%，而且每年以 7%～0% 的速度增加。根据我国疾病监测和伤害流行病学的调查结果测算，全国每年约 4 000 万人（占 14.3%）遭受各种意外伤害，其中需要门诊或急诊的约 1 360 万人（占 34%），住院的 335 万人（占 8.375%），120 万人正常功能受损（占 3%），40 万人因伤致残（占 1%），造成直接经济损失达数十亿人民币。这些在西部地区表现更为严重。事实证明，学校特别是中小学已成为意外伤害事故的多发地点，所以研究西部中小学意外伤害预警与求助机制就有着重要的价值。

一、目前对中小学意外伤害的研究现状

调查显示，我国中小学生因交通事故、溺水、食物中毒、建筑物倒塌等意外死亡的，相当于每天有一个班的学生在消失！校园意外伤害毫不留情地成为威胁青少年安全的“头号杀手”。那么，如何正确处理学校教育与安全问题，减少、避免意外伤害事故的发生？对此，我们选择中小学意外伤害预警与救助机制研究，并通过大量调查研究进行归纳、分析，有针对性地构建学校意外伤害预警与救助机制，为制定学校安全教育与管理政策，调控学校安全教育目标和内容提供方向性、前瞻性的依据，以引领学校教育全面、和谐、可持续发展。

（一）关于意外伤害事故研究

自从 20 世纪 50 年代以后，一些发达国家就开始对少年儿童意外伤害进行研究并取得了预期成果，建立起了比较完善的救助、预防体系。而我国学校意外伤害研究工作尚处于初级阶段，这里我们仅就政府部门和几位学者研究的成果做一个简单的介绍。

首先，2006 年教育部颁布《中小学公共安全教育指导纲要》，其中关于预防和应对意外伤害事故的内容包括：培养学生遵守交通规则的习惯，形成主动避让车辆的意识，提高自我保护意识；了解私自到野外游泳、滑冰等活动的危害，学习预防和处理溺水、烫烧伤、动物咬伤、异物进器官等意外伤害的基本常识和方法，形成对存在危险隐患的设施与区域防范的意识；了解与学习和生活密切相关的各种设备安全知识，学会有效躲避危险的常用方法以及技能；学会有效躲避灾害的常用方法和在灾害发生时的自我保护和求助及逃生的基本技能。使学生初步了解与学生意外伤害有关的基本保险知识，提高学生的保险意识。

其次，学者肖立辉认为，应对频发的中小学意外伤害事故，要做好如下几个方面的工作：加强立法和建章立制；加大公共财政对中小学生安全的投入；进一步严格执行问责制；把安全教育纳入学校教学内容；引导实施科学化人性化校园管理；整合社会力量，共建学校安全防护网 。杨清贵认为，美国属于英美法系国家，主要依据判例法。在审理学校学生伤害事故案件时，依据过错责任原则审理此类案件。如果法律上没有规定学校额外的义务，则学校没有确保学生和学校其他成员安全的义务。肖波认为，日本青少年防伤害教育系统非常完善，从幼儿园到高中有不间断的防伤害课外读物，每所学校有防伤害课程。每个学校的心理辅导都定期进行灾前、灾后心理辅导，社区不定期进行演练，政府推荐的防灾指导员经常组织活动，因此日本孩子具有很强的防伤害意识，伤害事故也少有发生。

（二）反思与评论

从上述列举的观点可以看出，不同的学者站在不同角度和层面提出了不同的主张，有的从政府角度提出预防意外伤害的内容，有的从学者层面提出应对意外伤害事故的管理措施，有的从法律角度提出处理事故的原则等。这些研究为我们提供了一定的思维方向。但是他们并没有以系统理论为指导思想，以安全原理为基础，较为全面研究学校意外伤害事故的预警与救助。所以在本课题中，我们倾向于以西部成都有山区和坝区的某郊区学校意外伤害事故发生为基础，较为系统地探讨学校意外伤害预警与救助机制，研究以学校为核心整合社会各种力量，广泛运用数学的、经济的、调查的、分析的方法，强化学校的管理能力，提升预警与救助能力，从而实现学校及师生的安全利益。据此，西部学生意外伤害预警与救助机制研究的特点在于：本研究强调以中小学生意外伤害为研究对象；以西部（含民族地区）为研究范围；强调方法多元性和数据精确性；研究既重视法律制度，更关注管理战略，管理方法；研究以建立预警、预防、救助机制为目标；将意外伤害预警与救助视为一种机制，而教育管理者、学校和教师是这一机制的实践者。

二、学校意外伤害现状

“学校意外伤害”系指在中小学教育中，由于意想不到的原因对中小学生所造成的损伤或死亡。学校意外伤害是中小学校园生活中对学生生命安全有严重威胁的一类伤害。由于我们研究的对象和内容取材主要来自中小学，所以也可以称为中小学意外伤害。

（一）学校意外伤害事故现状

据有关部门抽样调查，2005 年大约发生了 50 438 例儿童伤害。这意味着每天有 139 名儿童因伤害而就诊、住院，经历重大外科手术、永久性残疾或死亡。目前学校意外伤害主要表现为：

1. 拥堵挤压伤害

这类伤害主要集中在楼道、通道、台阶、厕所、校门等处。2005 年 10 月 25 日晚上 8 点过，四川巴中市某小学 4～6 年级寄宿制学生晚自习后刚走出教室，灯突然熄灭，楼道一片漆黑，不知是谁趁机大喊："鬼来了！"听到喊声，学生们都跟着大喊"鬼来了"。学生在慌忙下楼梯时由于拥堵导致踩踏，造成 10 名学生死亡，45 名学生受伤的事故。

2. 运动伤害

运动伤害主要指跑、跳、投等运动过程中的意外伤害，或因运动器械管理不善造成的伤害。2000 年 3 月 4 日下午，绵阳市某镇启明小学一名四年级女学生，在上体育课时突发心脏病，经抢救无效死亡。东山区某小学一男生把篮球打出了围墙，男生翻墙捡球，不幸摔伤手臂。

3. 嬉戏、玩耍伤害

徐某与蔡某是乐山市某小学同班同学，2000 年 12 月 17 日下午第 2 节课上，徐某与蔡某互做小动作，结果导致徐某受伤。经鉴定，徐某右眼穿孔伤，视力下降为 0.3，属 10 级伤残。

2006 年 3 月 7 日上午 7：50 许，成都龙泉驿区某中学初 2008 届 7 班学生林某与同班同学一道上完厕所后在学校池塘边上玩耍，林某主动趴在王某的背上，王某背一拱，林某就从背上摔落在地，致使其背部着地，脸部擦伤。事发后，同学们将林某抬着找到该班英语教师，该教师和同学马上将其送去治疗。

2006 年 6 月 21 日中午 12：55，成都市某实验小学 2011 届 10 班学生刘某，中午在校就餐，按午餐托管时间安排，统一由老师组织学生自愿参加的辅导班进行知识辅导，做完作业后，刘某等四位同学走回本班教室，当刘某也想进入阳台玩时，前三位同学开玩笑地抵住门不让刘某进来。刘某推门半天进不去，便后退几步冲去撞门，一次未撞开，当再次撞击门时，由于速度快，结果撞向铁门上半部的玻璃，撞碎的玻璃下落时将刘某的两条手臂严重划伤。

4. 食物中毒

2000 年 5 月，西安市某豆奶厂家于 11 日晨 3 时许向各学校送货（学校一般在第一节课后约9时饮用）。自11日中午11点30分左右起，开始有少数小学生感到腹部不适，到晚上17点以后中毒症状加重，部分呈剧烈腹部绞痛，多次腹泻。从5月11日中午至5月15日相继有1 345名学生发病，其中413人住院，无一人死亡。2003年，兰州市近3 000名学生由于饮用有问题的豆奶导致集体中毒。2003年3月19日，茂名市技工学校学生因吃了学校食堂的青菜、猪肉、面条、河粉、鸡粥、黄豆后普遍出现肚痛、腹泻、头晕现象，先后有208名学生食物中毒。

5. 校园交通事故

2003年10月24日上午7：10分左右，成都市龙泉驿区某小学二年级2班学生陈某上学时，在学校门口发生意外交通事故死亡。事故发生后，学校及时报案并通知陈某父母赶到事发现场。

6. 社会滋扰产生的事故

2003年12月10日下午放学后，几名社会青年在黎明职中学生放学回家的路上，拦住学生张强，强行索要100元钱，被学校老师和兴龙镇巡逻大队队员制止。这些社会青年又向该校初二4班的学生蔡林洲索要一部手机和一辆带减震的自行车或是150元现金。这些社会青年的行为严重影响了学校的正常教学秩序。

7. 溺水事故

四川地区地域辽阔，水资源丰富，山区农业人口众多，未成年人溺水事故死亡已经成为未成年人意外死亡的隐形杀手。成都市近年来因溺水死亡的人数每年均达到60人左右，2008年仅东风渠就发生了23起死亡事故。2009年7月暑假开始以来，仅十多天，泸州市某区就发生了4例学生溺水事故。7月1日下午，4个小孩私自到一处有安全隐患工程处游泳，其中一个孩子溺水，被救助的群众打捞起来时因溺水时间过长死亡。7月7日，几个小学生一起到书店看书，觉得天气热就到长江宝来桥附近玩水。一个女孩不小心落水，另一名女孩见状跳入江中欲救同伴，却因年幼力弱反被江水冲走。7 月 11 日，某乡一个 9 岁的孩子在傍晚 7 点多出去帮家里赶鸭子的时候，不慎掉入旁边的一个蓄水池。由于天色已晚，而且下着大雨，再加之周围无人，年幼又不习水性，不幸溺水死亡。7 月 12 日中午，一位 11 岁男孩独自在沱江边游泳久久不归，家长出去找寻，令人遗憾的是，在江边只找到当事人衣物。

8. 学生自杀、自残

2005 年 1 月 5 日，成都某工业学校进行期末考试。一女生作弊被监考老师发现，老师即按规定在其试卷上写下“作弊”二字。该女生见状哭着跑出教室，跑回宿舍后在一张纸上写下“再见了，同学们，我无脸见人了”。然后爬到四楼楼顶，跳楼自杀身亡。

（二）学校意外伤害的基本特征

结合以上 8 类学生伤害事故实例，经过分析我们发现，就目前情况而言，学校意外伤害事故尽管形形色色，但有如下共同特征：

突发性：在教育、教学和管理工作中，发生对学校形象和声誉产生不利影响的事件是不可避免的。学校意外伤害事故到底何时发生、何地发生、发生在谁身上，伤害事故究竟有多严重都是无法准确预知的，令人猝不及防，特别是对绝大多数学校和教师来说，由于工作任务特别是教学任务重，学生更容易被忽视，导致学生伤害事故发生。

纠纷性：学校意外伤害事故一旦发生就涉及利益纠纷。绝大多数都是当事人双方对事件责任认识的不同而导致的不同利益主张所形成的。最典型的纠纷是经济赔偿问题，其症结在于学校、家长双方对各自责任持不同的见解。

紧迫性：学校意外伤害事故的发生往往是突然的，学校需要在极短的时间内快速作出决策，对学生伤害特别是对生命的拯救，不允许学校拖延时间。特别是严重的学生伤害事故发生后，时间就是生命，只有抓紧时间，才能把损失控制在最低程度，以降低对生命所造成的损害。

放射性：学校意外伤害事故容易引起人们的关注，稍有不慎，就会引起轩然大波。新闻媒体的关注可能是因其典型的法律意义，一般民众关注可能是因其对受害一方当事人的同情，教育行政机关的关注可能是因其难以回避的角色和身份，因此，学校管理者必须采取积极、审慎的态度，否则学校极易陷入极大的被动中。

三、学校意外伤害的分析

（一）学校意外伤害事故的成因

意外伤害的发生，既有外部原因，也有其内在规律性。有学者认为，传染病的作用物—宿主—环境的流行病学模式也适用于儿童意外损伤。宿主因素是指儿童年龄、性别及生长发育水平，作用物系损害机体组织的能量形式，环境因素包括物体的状况和社会心理状态。因此，儿童意外伤害存在多种多样的危险因素，下面就造成儿童意外伤害的原因作一综述。

1. 性　别

调查中发现，男童是儿童意外损伤的危险人群。男童意外伤害的几率远高于女童，且随年龄增加这种比例加大。约根森的研究发现，1976—1985 年，丹麦儿童致死性意外损伤累积死亡率男童是 2.18‰，女童是 1.25‰，考虑与男童好动及好奇心强有关。儿童非致命性意外损伤也表现为男高于女，美国的调查显示，男女性别比为 1.53 : 1，西部中小学生性别比在 2.05～3.34 : 1 之间。有学者研究发现，62% 的男童、26% 的女童至少有一次意外损伤需要住院治疗，其中 3.2% 为永久残废。在儿童意外损伤中，因跌落及体育活动受伤，男童的发生率较女童高，而交通事故也类似。

在所有校园意外伤害中，跌伤是伤害的最主要原因，发生率为

0.69‰，男童的发生率约是女童的两倍，发生率最高的年龄组是6～8岁组。

由上不难看出，儿童不同年龄段受意外事故伤害跌伤是主要的伤害类型，比例高达60%；其次是撞伤和击伤，约占13%。大多数跌伤发生在平地（占65%），主要由于滑倒（51%）、绊倒（22%）及被推倒（15%）。约1/3发生在运动场所（35%），有1/3是发生在家中（36%）。跌倒通常是意外（83%），大约有2/3（63%）是从1～5米高处跌下，1/3（31%）是从不足1米处跌下。

2. 年　龄

相对于成年人来讲，中小学生是意外损伤的高危人群。由于不同年龄阶段的儿童身体发育情况和活动范围不同，儿童年龄或发育水平与意外损伤的类型和发生率密切相关。调查显示，儿童意外伤害发生的高峰年龄在3～6岁组，其次是10～12岁组，最低的是7～9岁组。对于严重非致命性儿童意外伤害，则是5～9岁组高于10～13岁组。丹麦儿童致死性意外损伤在生命的头五年最高，推测与此期儿童运动能力的逐渐发展及对外界环境逐渐增加的好奇心有关。也有研究发现，10岁以下严重意外损伤发生率较低，10岁以上较高，意外损伤及残废的危险性随年龄的增加而增加。我们的调查则显示，儿童意外损伤的发生是中学低于小学，而高中大于初中。

年龄不同，意外损伤死亡的原因不同。1～4岁儿童主要致死原因为溺水，5～14岁则是车祸。儿童非致命性意外损伤原因也随年龄不同而不同，一般来说，婴幼儿的主要损伤原因为跌落、烧烫伤和碰损或切割；学龄前儿童主要为碰撞、切割和跌落。随着年龄的增大及活动范围的增加，儿童跌落的比重逐渐降低，而骑车、溜冰等与体育有关的运动以及机动车交通事故逐渐增多。

意外损伤的原因不同，其高危人群亦不同。如在步行交通事故中危险人群是5～9岁儿童及女童；驾车交通事故中则是10～14岁青少年。在室内脸盆、水缸、池塘溺死者的危险人群是0～4岁儿童，游泳溺水者多见 10～14 岁儿童，在水渠、池塘、水库中戏水落水则为 5～9 岁儿童。有人发现，跌落伤的死亡率随年龄的增加而增加。

3. 环境因素

在当今社会里，几乎到处都存在着发生意外伤害的危险，环境中致意外伤害的危险因素也多种多样，并且存在差异。调查发现，在学校活动中发生的损伤，大多数是碰在桌角、椅背、床边、玩具扶手、阳台护栏、墙边等，因此对环境因素必须引起足够重视。研究发现，跌落伤是人群意外损伤死亡的第一位原因，过去 50 年其死亡率明显减少，可能的原因，除了树立特别的警告标志、工作场所保护措施的加强及急救的改善外，还包括环境因素的变化，如坐椅的改进、防滑地板及鞋底等。学校意外伤害多数发生在学生每日活动最多的场所（家庭、学校、路途及游戏场所），几乎 60% 的意外伤害特别是溺水伤害发生在学校之外。

在水网丰富的西部，溺水事故发生率较高。以成都崇州市为例，市内水域面积达 100 平方公里，涉及 25 个乡镇，辖 1 条崇州市管河道，1 条成都市管河道，3 条省管河道。河道分布区域主要在乡村。由于未成年人对河道游泳危险性缺少足够的判断能力，加上安全知识的缺乏，所以悲剧时常发生。如 2004 年 9 月 11 日下午 1 时多，四川省简阳市两所小学的 5 个学生结伴来到附近天宫水库，其中 4 个孩子下水洗澡，发生溺水事件。可见，溺水已经成为中国儿童意外伤害第一位的死亡原因。据我国卫生部统计，全国每年约有 5.7 万人死于溺水，而且，溺水死亡的男性高于女性，农村高于城市。

4. 心理一行为

Jaque 等认为，行为问题可作为预测儿童意外损伤的一个指标。儿童作为意外损伤的主体，身体与心理发育水平是其影响的重要因素，其行为气质、行为动机和能力都与意外损伤的发生有一定关系，心理冲突、情绪压抑、精神分裂、行为偏离、性格畸形、人格异化、攻击行为等心理行为因素也起了一定的作用。有研究发现，由于多动的儿童易冲动、注意力易分散、活动较多、不注意周围环境状况，因此比正常儿童更易发生意外伤害。我们在调查中发现，与其他儿童相比，容易发生意外损伤的儿童，多表现情绪不稳，粗暴易冲动，大胆冒失，富有冒险心理，好奇心很强，遇事有强烈的情绪反应。有人在对中国儿童行为问题与意外损伤的关系研究中发现，有严重行为问题的儿童其意外损伤的发生率增加达1.65 倍。因此，在实施意外损伤预防性战略时，应特别针对有行为异常的儿童。Potts 等对儿童躯体危险性确定和知觉定位进行了研究，发现其与既往意外损伤史相关，且彼此独立，认为其可作为儿童意外伤害的预告指标。

5. 家庭—社会环境因素

国外各种研究显示，社会经济状况、人口密集、家庭收入、单亲家庭、母亲文化程度、父亲无下作等是儿童意外伤害的主要社会环境因素。我国则是紧张的家庭关系、迁居、双亲忙于挣钱、照顾儿童不周、交通量剧增与交通管理脱节、居室布局与结构不合理、周围环境特别是水安全标志不全或不醒目、家长安全教育不到位等。

从各种意外的直接表现分析，儿童意外事故的主要原因表现在：家庭和社会的安全意识淡薄，对儿童在意外防范方面的关爱不够；缺乏对家长和儿童本身的必要的安全初级教育甚至训练，因而导致对简单的安全知识和技能知之甚少；家庭父母和孩子关系紧张，导致对孩子管教或者过于严厉或者放纵；在一些娱乐、公共生活活动中具有盲目、侥幸的心理，缺乏防范的意识；在儿童用具、玩具和设施，甚至生活用品及设施的设计上，只重视功能而忽视安全性；在未成年学生经常出没特别是夏季容易诱惑他们游泳的地方如河流、堰塘、水库、水坑等，缺乏良好的防护和监督措施。

（二）学校意外伤害的特点

从事故发生的区域、学段、时间、地点、日期、责任等方面分析，近五年来西部校园安全事故主要表现出以下几个方面的特征：

1. 农村是校园安全事故多发地区

近五年龙泉驿区上报的各类中小学校园安全事故中，27.68% 发生在城市，72.32% 发生在农村。农村中小学的安全事故发生数、死亡人数和受伤人数都明显高于城市，分别是城市的 2.9 倍、3.9 倍和 4.2 倍。

农村中小学安全事故发生的主要原因是办学条件差、基础设施不完备，另外，师生安全意识淡薄、学校安全管理存在明显漏洞也是导致事故发生的重要原因。

2. 低年级学生更容易发生安全事故

近五年龙泉驿区上报的各类中小学校园安全事故中，43.75% 发生在小学，34.82% 发生在初中，9.82% 发生在高中。2006 年小学、初中、高中事故发生数比为 4.5∶3.6∶1，死亡人数比为 6.6∶4.8∶1，受伤人数比例 7.4∶4.7∶1。

相对于高年级学生，低年级学生的生活经验和安全知识都比较欠缺，安全意识相对淡薄，自我防护能力也比较差，这是导致低年级学生安全事故多发的主要原因。

3. 校园意外伤害逐年增多

如南部县，25% 的安全事故发生在学校内部，主要是校园伤害和学生斗殴，其中校园伤害占 56%，主要包括绑架、爆炸、持刀伤害、放火等安全事故。2006 年发生的几个典型案例表明，校园伤害事故增多的重要原因是学校内部安全管理不健全，导致少数“害群之马”混入教职工队伍，以及个别校外非法人员进入校园，从而酿成了校园伤害惨案。

4. 意外伤害有明显的时间倾向

暑假和周末等节假日及其前后是溺水、自杀等事故的集中多发期，2006 年全年甘肃有 36% 的中小学生安全事故发生在暑假和节假日。另外，全年有 89% 的事故是发生在白天，主要有交通事故、溺水事故、校园伤害事故、踩踏事故和学生斗殴等；有 11%的事故发生在晚上，主要是山洪、暴雨、地震等自然灾害和一氧化碳中毒等事故。而一年中夏季意外伤害发生频率最高。

5. 事故多发地点主要集中在上学、放学路上，江河水库和学校及周边

2006 年各类中小学生事故中，有 32% 发生在学生上学、放学路上，其中以交通事故为主，也包括个别强奸、学生斗殴等事故；有 39% 发生在学校里，其中以校园伤害和学生斗殴为主，另外还有少数踩踏、房屋倒塌、一氧化碳中毒等事故；24% 发生在江河水库，其中以溺水事故为主；5% 发生在学生家中，包括个别学生自杀、一氧化碳中毒、火灾等事故。

6. 学生安全意识淡薄是多数事故发生的重要原因

2006 年云南省各地上报的各类安全事故中，10% 是因自然灾害等客观原因导致事故发生，造成的学生死亡人数占全年学生死亡总数的 10.84%；90% 属其他各类安全责任事故，造成的学生死亡人数占全年学生死亡总数的 89.16%，其中，45% 的事故因学生安全意识淡薄而发生，18% 的事故因学校管理问题而发生，27% 的事故由于社会交通、治安等原因而发生。

四、学校意外伤害救助机制的建立

（一）学校意外伤害救助的定义

学校意外伤害救助是指在对已发生的学校意外伤害问题进行准确恰当分析判断的基础上，采取恰当措施对学生进行的救护与援助。它的内涵包括以下几层意思：

（1）是指学校意外伤害已发生并且有损伤或者死亡的事实存在。没有发生学生伤害事故，就没有学校意外伤害救助问题。只有发生学校意外伤害事故并且有学生受伤或者死亡，才谈得上学校意外伤害救助。

（2）学校意外伤害救助的基本方式是自救、救护和帮助，必要条件下的补偿或者赔偿。在任何中小学校，只要发生学校意外伤害事故，不管何种原因，都应当得到现场社会人员、有关部门、医院、学校管理者、学生、老师及时的救助。如果因救助不及时特别是责任主体救助不及时造成学生生命、财产损失的，责任主体要依法承担法律责任或者道义责任，非责任主体要承担社会舆论谴责和道义责任。

（3）可以获得多方面的救助。学校意外伤害发生后，除了提倡学校在力所能及的范围内的自救外，其他各方面包括其他社会公民、学校领导、教师、医疗部门、社会各界，甚至政府各部门等都应当在自己的职权或者能力范围内给予相应的救助。

（二）学校意外伤害救助机制

学校意外伤害救助机制是指为学校意外伤害救助而设置的机构、制定的各种制度和运转方式，并使其相互制约和影响的内在有机联系有效运行的系统总和。学校意外伤害救助机制的特点包括：它是由若干要素组成的系统，因为学校意外伤害救助机制是由救助主体、救助对象、救助手段、救助时间构成的系统；它是按照必要程序组成的系统，因为凡是发生学校意外伤害事故后，第一是想办法通知“120”或者“110”，第二是千方百计实施自救或者请求他救，第三是责任部门要在第一时间赶到现场实施救助，医院要无条件全力实施救助等；它是一个责任运行系统，当学校意外伤害发生，应采取各种救助措施，千方百计减少受害人的生命财产损失。

1. 意外伤害救助的对象

意外伤害救助的对象包括对人的救助和对物的保护。首先，对人的救助包括对学生、教职员工的救助。而对人的救助又包括身体方面的救助，即指在意外伤害的现场，学生或教职员工的身体和生命受到损伤时而给予的救济和帮助。对学生的救助优先。对心理方面的救助，即指由于意外伤害给当事学生心理带来损伤后所给予的救济和帮助，使其能及时走出心理创伤影响的阴影。心理救助是对人的救助不可缺少的重要环节，一定条件下还是关键环节。其次，对物的保护即指对意外伤害现场所有物品的转移或者保护，使其免遭损失。

2. 意外伤害救助的主体和途径

学生自我救助。根据伤害的严重程度，当事人要采取科学合理的措施保护自身不受到伤害，如果有通信设备口可向学校提供准确信息，告知意外伤害现场的状况并等待救援。

学校救助。学校救助包括几个环节。首先是现场救助。意外伤害特别是重大意外伤害事故发生后，学校方在救助的过程中由于熟悉校园环境和意外发生现场的状况，要发挥积极的作用。学校要及时启动意外伤害救助预案，学校领导、保卫部门和相关教师在积极参与救助的同时，一方面要采取有效措施，同时报告“120”急救中心，请求医疗部门救助支援；另一方面及时准确为上级相关部门提供现场信息，得到上级相关部门的指导，有效开展救助。其次是善后处理。意外伤害发生后学校要及时处理好善后工作，要协助医疗部门对受伤学生在治疗方面提供条件，给予经济援助；对在事故中死亡学生的善后工作应妥善处理，请家长到校商谈处理方案；协助相关部门调查事故发生的原因，落实责任人，依法追究责任；及时修复被损害设备、设施，尽快恢复正常的教学秩序；学校要主动联系保险部门，为受伤害学生办理保险理赔事宜；对可能的学生伤害事故纠纷还要协助司法部门，采用法律的手段维护当事人的合法权益等；最后是加强救助经验和教训的总结，进一步完善意外伤害救助体系。

安全部门。意外伤害发生后，安全部门作为专业队伍，应第一时间到达现场，采取有效措施营救被伤害的学生，或者转移物品，控制事态的发展，使各项损失降到最低。同时要调查事故发生的原因等。

医疗部门。医疗部门应该及时赶到现场，积极营救受伤学生。

责任医院要随时做好接收伤员住院或者抢救伤员、留院治疗的充分准备。

保险部门。保险部门在意外伤害发生后，要及时赶到现场，了解伤害情况和事故发生的原因，尽快协助公安部门查清事故真相，分析事故责任，根据保险条例和协议及时开展办理保险理赔工作。

社会。学校意外伤害事故特别是溺水事故发生后，社会热心人士要采取积极有效措施，及时救助学生，协助学校或者医疗部门开展救助，同时根据需要积极寻求捐款捐物奉献爱心。我们认为，要避免和减少因溺水而造成的意外伤亡，除了应当加强对青少年的安全教育之外，如何帮助失去亲人的家庭，关爱丧失子女的父母，也是社会应该予以考虑的问题。例如 2007 年 8 月中旬，由成都迪泰律师事务所王自力、李长珍律师发起，在崇州市党委、政府以及社会各界的大力支持下，全国首个预防溺水救助会终于在崇州市成立，救助会资金全部由社会和个人赞助。2007 年汛期期间，救助会共救助 3 个溺水事故家庭，为他们送去了社会的关爱和祝福。

3. 建立意外伤害救助机制的方法

要强化安全意识。人们常说，居安思危，“人无远虑，必有近忧”。学校领导在涉及师生的安危问题上，一定要强化人本意识，坚持以人为本，在任何情况下都不能忽视人的健康、安全、生命，把安全工作纳入学校工作的重中之重，抓实、抓细、抓落实。

加强安全管理。一是学习法律。认真学习包括我国《教育法》、《教师法》、《民法通则》、《学生伤害事故处理办法》等相关法律法规，熟练地掌握和运用法律武器。同时，还可以聘请法律顾问，弥补我们法律知识的不足。二是要搜集各个学校发生的意外伤害事故的案例，认真进行前瞻性预防研究，举一反三，吸取教训。三是拟订预案。学校要深入分析本校的具体情况，找出可能引发危机的隐患和漏洞，分析危机产生后可能的影响范围和后果及其发展阶段，并研究出防范和应对措施。学校对可能发生的各种不同的危机事件，要做出具体的安全预案，并将紧急处置突发事件的整个过程形成制度。四是模拟演练。学校应当经常进行危机的模拟演练，培养师生镇静地面对险境的勇敢精神和应对能力。五是加强沟通。学校要鼓励教师与学生家长广泛地建立联系，加强感情交流，促进相互理解，增强学校的影响力，以便在处理问题时更容易达成共识。

建立应对机制。学生意外伤害事故，是目前教育主管部门、学校最为棘手之事。依据《学生意外伤害事故处理办法》，积极稳妥处理意外伤害事故，建立学校意外伤害事故处理机制，是保障学校及社会稳定的重要环节，是维护学校及师生合法权益的有效途径。

（三）学校意外伤害救助机制模式

救助机制系统是与专家分析系统相连接，为安全管理者提供应对意外伤害的应急性、思路性、提示性建议的人—机智能互动系统。主要由两部分组成。

第一部分是储存积累于电脑中的应对各种意外伤害的常规案例库，它可以根据事件的警情性质和类别自动调出若干个相应对策。

第二部分是应对非常规警情的专家咨询系统，它与上述专家分析系统形成接口，通过互联网即时咨询来完成。完成后的咨询意见，将自动存储于电脑中的预警对策案例库，以备日后调用。

在上述理论基础上建立我们的意外伤害救助机制模式。

（四）建立学校意外伤害救助机制应注意的问题

1. 救助机制的可操作性

学校意外伤害事故的发生直接关系着人的生命，它的发生既具偶然性也有必然性，有的学生伤害事故还带有严重社会影响性。因此，凡是学校发生意外学生伤害事故的有关主体，特别是学校校长和教师应当及时启动救助机制，采取有效措施予以及时救助。有效救助的基本要求，就是要建立一系列的可操作性救助预案和创造系列救助条件。

2. 救助机制的社会性

学校意外伤害事故发生之后，救助不是仅在学校就能完成的，它要求家庭、社区、医院联合起来，在政府的有力帮助和支持下才能提供有力的保障。因此，救助机制的建立应包含家庭、社区、医院、地方政府相结合为主要内容的应急体系，健全社会救助机制也成为必需。

3. 救助机制部分保密原则

学校意外伤害既包括对中小学学生生理即机体伤害特别是有的生殖器官伤害，也包括对中小学生的心理特别是性心理伤害。因此，根据未成年人保护法要求，为了未成年人今后的健康成长，对具体被伤害学生的姓名、性别、地点、严重程度以及部位等信息，未经法定的要求和程序批准，任何人任何刊物都不能任意公开透露。所以，坚持救助机制的部分保密原则成为必要。

附录　学校日常安全管理制度

为进一步加强学校安全工作管理，明确安全责任，落实各项安全措施，有效地防范重、特大安全事故的发生，保障学校及其学生和教职工的人身、财产安全，维护学校正常的教育教学秩序，根据《中华人民共和国教育法》等法律法规，建立中小学日常安全管理制度。

第一节　学校行政方面安全管理制度

一、学校安全工作管理制度

为保证学校正常教学秩序，保护学生健康成长，确保国家财产不受损失，杜绝或尽量减少安全事故的发生，遵循“注意防范、自救互救、确保平安、减少损失”的原则，根据本地实际情况，制定本管理制度。

（一）校长是学校安全工作的第一责任人，学校安全工作由校长领导下的安全工作领导小组（综合治理领导小组）负责。各处、室向领导小组负责，实行责任追究制。

（二）学校每月要对学生进行有关安全方面的知识教育，教育形式应多样化；每班每周应有针对性的对学生进行安全教育。要对学生进行紧急突发问题处理方法、自救互救常识的教育，紧急电话（如 110、119、122、120 等）使用常识的教育。

（三）建立重大事故报告制度。校内外学生出现的重大伤亡事故一小时以内报告教育局；学生出走、失踪要及时报告；对事故的报告要形成书面报告一式三份，一份报教育局，一份报公安派出所，一份报乡镇人民政府，不得隐瞒责任事故。

（四）建立健全领导值班、教师值日、中青年教师护校队制度；加强学校教育、教学活动的管理，保证学校的教学秩序正常；负责学校安全保卫的人员要经常和辖区的公安派出所保持密切联系，争取公安派出所对学校安全工作的支持和帮助。

（五）加强对教师的师德教育，树立敬业爱生思想，提高教学水平和质量，随时注意观察学生心理变化，防患于未然，不得体罚和变相体罚学生，不得将学生赶出教室、学校。

（六）外单位或部门借用学生上街宣传或参加庆典活动以及参加其他社会工作，未经市教育局分管安全副局长批准、校长办公会同意，不得擅自组织参加。未经上级有关部门批准，不得组织学生参加救火、救灾等。

（七）学校还要教育学生遵守学校规章制度，按时到校、按时回家，防止意外事故发生。

（八）学校要定期对校舍进行安全检查，发现隐患及时消除，情况严重的，一时难以消除要立即封闭，并上报人民政府和教育局。

（九）学校要经常检查校内围墙、栏杆、扶手、门窗，以及各种体育、课外活动、消防、基建等设施的安全情况，对有不安全因素的设施要立即予以维修和拆除，确保师生工作、学习、生活场所和相应设施既安全又可靠。

二、学校消防安全管理制度

为加强消防安全工作、保护公共财产、师生的生命及财产安全，把消防安全工作纳入学校的日常管理工作之中，现特制定以下消防安全制度。

（一）加强全校师生的防火安全教育。按《消防法》的要求，做到人人都有维护消防安全、保护消防设施，预防火灾，报告火警的义务。要做到人人都知道火警报警电话 119，人人熟知消防自防自救常识和安全逃生技能。

（二）保障校内的各种灭火设施的良好。做到定期检查、维护，保证设备完好率达到100%，并做好检查记录。

（三）教室、办公室、学生宿舍安全出口、疏散通道保持畅通，安全疏散指示标志明显、应急照明完好。

（四）学生聚集场所不得用耐火等级低的材料装修。

（五）易燃、易爆的危险实验用品，做到专门存放，由化学实验员两人同时加锁开、关负责保管，在室内必须有沙池、灭火器等。在利用易燃、易爆化学药品做实验时，教师必须在做实验前向学生讲清楚注意事项，并指导学生正确使用，以防止火灾事故发生。

（六）图书馆、化学实验室、物理实验室、机房等场所严禁吸烟及使用明火，下班后工作人员要及时关好门窗，确保安全。

（七）消防栓、防火器材等消防设施，要人人爱护。任何人不得随意移动和损坏，违者要严肃处理。

（八）加强用电安全检查，电工必须经常对校内的用电线路、器材等进行检查，如发现安全隐患，要及时进行整改、维护，确保安全。

（九）学生宿舍内严禁使用明火，禁止烧电炉、热得快，点燃蜡烛、蚊香，严禁吸烟，严禁私拉乱接电线。不准私自接用任何家用电器。

（十）食堂必须使用合格的压力容器、锅炉，每年要检测，要定时检查，锅炉工要持证上岗，严格按操作规程操作，液化气罐与灶头应有1.5米的安全距离，严防事故发生。

（十一）对因无视防火安全规定而造成不良后果者，要从重处罚，直至追究法律责任。

三、学校周边环境安全治理制度

（一）学校周边环境治理涵盖师生人身、食品卫生、文化活动等方面，是综合性治理，应取得社会各界的广泛支持与通力配合。学校对周边环境应进行密切关注与监控。

（二）学校在做好内保工作的同时，要重视学校周边环境的安全治理工作，主动联系辖区的派出所、街道、工商管理、文化监管等部门共同抓好治理工作。

（三）值日人员除做好校内的巡视工作，还应注意对校园外附近环境的巡查，发现社会盲流、恶少对学生骚扰及其他各种事故，要针对不同情况及时报告“110”“120”“122”或附近派出所，保护学生的安全。

（四）每天放学前，教师要提醒学生，注意交通等各项安全。

（五）要教育学生自觉遵守社会公德以及各类法规，维护社会公共秩序，敢于与坏人作斗争，并掌握正确的维护方式和方法，提高学生的自护能力。

（六）建立学校突发事件教师救护队，高度警觉，随时出动。

四、集会、会操、军训安全管理制度

（一）学校集会、做操应由学校专人负责统一指挥，保证集会、做操的纪律。

（二）学校集会、做操应以班为单位，不要拥挤，不催促学生快跑，要有教师负责疏散管理，进出会场要有序，严防挤压事故的发生。

（三）学校集会、做操应以班为单位，指定安排座位或站队，由班主任负责，防止学生乱窜，避免意外事故的发生。

（四）各校组织学生开展军训活动，应制订周密的实施方案，并与协办部门负责人共同商定。

（五）对军训的场地应事先考察，确保学生军训的安全进行。

（六）军训的强度应根据学生的年龄、身体状况而定，对患有不适合军训活动疾病的学生应进行劝阻，避免不必要的事情发生。

（七）学校领导及安全领导小组必须对集会、会操、军训活动实行全过程监控，以防意外事故发生。

五、组织师生外出活动安全管理制度

（一）组织师生外出活动（社会实践、社会调查、春游、秋游、参加公益活动、义务劳动、参观访问等）要制订周密的计划和安全措施，活动方案必须经校领导审阅签字同意后方可实施。组织到外地或较远地方活动的，需经教育局分管安全副局长审批。

（二）每次活动应有具体的责任人，注意人员年龄、身体状况搭配。

（三）活动的路线、地点，事前应进行实地勘查。

（四）活动来往的交通工具应向专业运输部门租用，遵守乘车安全要求，行前要求营运部门对车进行检修。

（五）每次活动都要有安全、保卫、意外事故的应急预案。

（六）野炊、爬山、野餐要注意防火、防食物中毒、防摔伤事故发生。

（七）活动地附近有河流、水库的，没有采取措施或不具备安全条件的，不能让学生下水。

（八）凡外出参加各种活动，学校领导及安全小组成员必须对活动全过程进行监控。

（九）在活动中实行责任追究制，如遇安全事故，追究相关责任人的责任。

六、门卫安全管理制度

（一）门卫人员必须时刻提高警惕，严防不法分子混入学校进行犯罪活动。

（二）来人、来客均须办理登记、会客手续，门卫人员应认真查验来人的合法身份证件，无身份证件、未经校保卫部门同意不得进入学校。

（三）任何人从学校内携带物资出门，应主动出示出门证件，否则门卫人员有权查问、查看。对可疑物资可以暂时扣留，及时报告有关部门处理。

（四）自行车进出校门，应主动下车推行，机动车减速慢行，外来车辆进校门，门卫人员应先问明来意再开门，随车人员必须办理来客登记手续。

（五）外来人员会见学生必须在课余时间进行，如果正在上课，必须先在门房等候。

（六）严禁小摊小贩进入校园卖东西。

（七）门卫人员昼夜做好校内巡逻工作，及时检查办公室、实验室、电教室防盗门是否关锁、用电设备是否关闭、火炉是否熄火等。

七、校卫队安全管理制度

（一）学校保安队在学校安全领导小组领导下负责校内的治安、防范、巡查、守护等工作和案件、事故发生时的现场保护工作。

（二）平时负责对校内的日、夜巡逻，节假日做好护校工作。

（三）不定期地对校内开展安全检查，发现隐患及时报告。

（四）注意发现隐患部位，提出整改建议，协助校长室督促落实整改措施。

（五）控制外来人员进出校门，严格来客登记制度，校内学生进出校门注意查验有关证件。对超过学校规定时间进出校门的学生应逐个登记，并将情况报告有关部门。

（六）注意掌握学校内及周边治安动态，对发现打架、斗殴、破坏安全、扰乱教学秩序的人和事，主动上前阻止，并报告有关部门或“110”，确保校园稳定。

八、会计室安全管理制度

（一）会计室是学校的安全要害部位，财会人员应认真执行《会计法》和财会管理制度汇编，各类账目都必须做到账册齐全、手续完备，安全保卫责任落实。

（二）现金管理必须专人负责，财会室存放现金必须执行银行方面的统一规定，超规定存放现金要报经校领导批准，同时落实防护措施。否则一旦发生事故，由当事人承担责任。

（三）会计室门窗、墙壁要坚固、防盗，报警设施要经常检查，确保有效，使用经公安、技监部门检测合格的保险柜（箱），保险柜过夜现金不得超出公安机关或银行核定库存现金限额，保险柜（箱）应及时关锁，钥匙交由会计随身携带，不准放在办公桌内或转交他人。

（四）财会人员应按现金管理制度汇编使用现金，一般超出现金支付数额的，要使用银行支票支付方式进行结算，特殊情况去银行取现金数额较大时，必须通知总务处派人员护送。不得单身去银行取款。

（五）会计室内注意来往人员，陌生人不准进入财会室，非财会人员不准接触保险柜。

（六）会计室内不准吸烟或带入其他火种，注意做好防火工作。

九、档案室安全管理制度

（一）档案室是学校党政文书资料、人事档案保存使用的场所，列为学校安全管理要害部位，工作人员应特别做好安全工作。

（二）档案室是机密部位，非工作人员未经批准，不得随便进入室内。

（三）各类资料进入档案室，必须严格登记制度、借还制度，机密资料、人事档案严防丢失、严防泄密事件的发生。

（四）档案室应通风、透气、干燥，做好防湿、防虫蛀的工作。

（五）室内消防器材、报警设备常年完好，性能良好有效。

（六）严禁将任何火种带入室内，任何人不准在档案室内吸烟。

（七）门窗坚固防盗，工作人员随手关窗锁门，假期、节日要特别加强看护，确保安全。

十、卫生室安全管理制度

（一）学校有关卫生工作人员必须加强学习，努力提高业务水平和工作能力。

（二）卫生室购买药品必须在卫生局指定的医药公司购买，不得直接跟厂方和药商购买，买药时要逐个进行药品检查，发现有伪劣药品及不合格药品一律退货，并调查追究经办人。

（三）每学期初进行药品清理，对过期药品、变质药品进行登记，并注明药品名称、规格、数量、价格，然后经有关部门验证后再销毁。

（四）医生不开过期药品，如领药者发现过期药品，立即退回处理。

（五）发药时要告诉学生怎样安全使用药品，并在药袋上写明每日服几次，服药时间、药量、分几次服完等。告诫病人不许超常服药，警惕用药过量引起的药物中毒。

（六）经常检查卫生室电器设备，用电开关及线路若有漏电、断电，应立即报告总务处进行检修，防止火灾的发生。

（七）卫生室使用高压锅消毒时，谁消毒、谁负责，避免超压发生爆炸事故。

（八）医务人员要坚持使用一次性注射器和输管，严防医源性交叉感染。各种常用卫生器械要定期消毒、浸泡，每学期检查 1～2 次。发现生锈、破裂，功能不全的立即淘汰。

（九）条件不具备时，不要给病人注射青霉素或其他易引起过敏性休克的药品，对危重病人要立即送医院处理。

（十）医务室人员每周一次到体育课场地进行体育卫生监督，检查体育场地及体育器械有无不安全因素。

（十一）医务人员每周一次下食堂和小卖部进行卫生检查和食堂卫生知识宣传，督促采购员不买无卫生许可证、无检疫证的肉类及食品。不使用、销售腐化变质食品。小卖部不许出售“三无”食品及过期食品，监督非食堂工作人员不得进入食堂操作间，买回的蔬菜必须进行四步处理（选、洗、泡、切）再煮，杜绝各种传染病、投毒案、食物中毒事件发生。

十一、办公室安全管理制度

（一）办公室门窗牢固，重要的办公室要安装防盗门及技防设施。

（二）办公室安全管理制度汇编健全，相关人员安全保卫责任落实。

（三）工作人员都必须提高警惕，防止不法分子闯入室内。重要的文件、资料要及时送学校档案室保存，个人存放文件、资料要妥善保管，不要乱放乱丢，严防泄密。

（四）办公室的钥匙不得转交本室以外的人员使用，严禁将外人或学生单独留在办公室内看书、学习或玩耍。

（五）个人办公桌上的钥匙要随身携带，人离时注意关门窗。有报警器装置的要接通电源，并落实专人负责此项工作。

（六）个人的现金、贵重物品不得放在办公桌抽屉、橱柜，以防被盗。

（七）进办公室随带的小包、脱下的衣服内应取掉个人手机、BP 机、现金等，防止被外来人员顺手牵羊造成损失。

（八）不准在办公室内焚烧杂物、纸张，不准乱接电源、烧电炉，人离时注意关闭电源，认真做好防火工作。

十二、印章和保密资料安全管理制度

（一）学校党政公章、各部门的公章、财务专用章、合同专用章都应有专人保管、启用，严格执行领导批准使用制度。

（二）任何部门的公章，未经单位、部门领导批准不得带离办公室或借给他人使用。

（三）保管人员要妥善保管好印章，掌握使用原则，不得随便为他人加盖公章。

(四) 所有保密文件、资料都必须经学校办公室保密员登记后方可使用，并按指定对象阅办，不得私下传阅。

(五) 使用保密文件、资料应及时退还保密档案室，不得长期存放，机密以上文件不准随便摘抄、复印，防止泄密。

(六) 保密文件、资料严格借阅登记制度，保密员应定期清查收回。保密文件、资料遗失，应及时查明原因，并报告上级保密部门。保密文件、资料，应按密级规定的机关负责登记销毁，严格审批手续。

十三、突发灾害安全防护工作制度

(一) 学校应在各类灾害发生前做好信息收集和预测工作，化被动为主动，实行全员监控。

(二) 在遭遇不可预见的火灾、地震等灾害时，应有序组织学生紧急疏散和撤离现场，保证学生的生命安全。

(三) 加强对学生进行防灾、抗灾的教育，传授遇灾后的自救、互救办法，培养学生的生存能力。

(四) 要及时向有关部门报告，请求有关部门和社会的援助，全力保护学生的安全。

(五) 未经上级有关部门批准，不得组织学生参加救火、救灾等。

(六) 组建稳定的教师护校、护生救护队，学校拨付专项资金，加强救护队的建设。

十四、校内公共活动场所安全管理制度

(一) 学校大礼堂、餐厅、体育活动场地、大教室等均为公共活动场所，实行谁组织活动，谁负责安全工作的原则。

(二) 开展活动时应认真检查电路安全，没有电工在场不要私拉乱接电源。新增大功率电器，应征得总务部门同意。总务处应组织电工定期检查电源开关、插座是否完好，有损坏的应及时修复。

（三）开展活动要保持所有通道畅通无阻，开关灵活，便于随时打开。

（四）开展活动要适当控制人员，不要过分拥挤，要保证在任何情况下都能出得去。

（五）大型活动要指定专人负责安全工作，突发事件要有专人负责指挥疏散撤离。

十五、食品卫生安全管理制度

（一）建立完善的食品卫生工作领导小组，加强本校食品卫生管理，责任到人，杜绝校内发生食物中毒或其他食源性疾患。

（二）学校食品生产经营场所要依照《食品卫生法》的要求，到市卫生防疫站申领《食品卫生许可证》，并每年年审一次。要保持内外环境整洁，有相应的防蝇、防鼠、防尘、清毒、更衣、盥洗、污水排放、存放垃圾和废弃物的设施。

（三）食堂、小卖部从业人员应每年一次到当地卫生防疫部门进行健康体检，领取合格的《健康证》后方可上岗工作，平时应保持个人卫生，穿戴清洁的工作衣帽，销售直接入口食品时，必须使用售货工具。

（四）所提供食品应无毒、无害，符合应当有的营养要求，具有相应的色、味、美等感官性状。严禁购入腐败生虫、过期变质、假冒伪劣或其他感官性状异常、可能对师生健康有害的食品原料。

（五）用水必须符合国家规定的城乡生活饮用水的卫生标准。

（六）学校食品设备布局和工艺流程应当合理，防止待加工食品与直接入口食品、原料与成品交叉污染，餐具和盛放直接入口食品的容器使用必须清洗、消毒。

（七）存放食品的仓库应当干燥、通风，采取消除苍蝇、老鼠、蟑螂和其他有害昆虫及其孳生条件的措施，贮存食品的容器必须安全、无害，防止食品污染。

十六、疾病防治安全管理制度

（一）各校要按照《学校卫生工作条例》和有关法规性文件的规定，依法管理学校卫生及学生常见病、传染病群体性防治工作。

（二）对学生实施群体性防治措施（国家规定的计划免疫接种除外）必须经市卫生局、教育局批准，并由市卫生防疫站统一组织实施。

（三）为杜绝意外发生，我市学生疾病防治用药统一由市卫生防疫站学校卫生科提供，各校不得擅自接受其他途径药物。

（四）传染病防治实施预防接种时，预防接种专业人员必须严格执行“一人一针一筒”，加强无菌观念，并确保医疗器械的卫生及操作的规范，学校卫生分管领导及校医有责任对接种全过程进行监督。

（五）开展学生常见病、传染病群体防治工作，应遵循学校管理的有关规定，妥善安排好预防接种及其他群体防治措施的时间，以维护学校正常的教育教学秩序。

（六）未经市教育局、卫生局、卫生防疫站批准，任何单位和个人不得擅自组织学生实施群体性防治措施。违者要对当事人予以严肃处理，并追究其单位领导人的责任；造成严重后果的要依法追究有关人员的法律责任。

第二节 学校教务方面安全管理制度

一、教室安全管理制度

（一）教室的门窗必须常年保持完好，任何人不得故意损坏。

（二）门窗发现损坏，班主任有责任及时报修，同时采取相应的防范措施。

（三）教室门的钥匙班级应指定专人保管，门窗每天落实值日生随时关锁好。

（四）学生课桌内除放书籍课本、学习用品外，不准存放其他任何贵重物品（如现金、钱包、首饰、手表、随身听、计算器等）。

（五）学生不准在教室内追逐打闹，随便搬动课桌、椅。

（六）学生不准在课桌上乱写乱画，更不得用刀具刻划痕迹。

（七）教室内不准乱拉私接电源、乱设插座、乱充电。

（八）不准学生在无保护措施情况下擅自登高擦洗户外窗的玻璃，防止发生意外事故。

二、实验室安全管理制度

（一）化学危险品应设专用安全柜存放，柜外应有明显的危险品标志，并加双锁保险，由两人负责，领用危险品必须按规定执行，以免酿成事故。

（二）实验室供电线路的安装必须符合实验教学的需要和安全用电的有关规定，定期检查，及时维修。

（三）实验室要做好防火、防暴、防触电、防中毒、防创伤等工作，要配备灭火机、砂箱等消防器材及化学实验急救器材等防护用品。

（四）实验室要采取防盗措施，加强安全保卫工作，非实验室工作人员不得进入仪器保管室内。

（五）实验室工作人员作为实验室安全防护的当然责任者，应随时随地按照本制度进行检查，做好安全防护工作，学校领导要经常督促检查。

（六）任何人不得私自将有毒物品带出实验室，违者造成后果应负一切经济、法律责任。

三、微机房安全管理制度

（一）微机房是学校重点要害部位，管理人员应高度重视其安全工作，相关人员安全保卫责任落实。

（二）微机房必须安装防盗门窗和报警装置，报警装置须与当地派出所或学校值班室联网，重要软件存放保险箱。机房应根据实际情况配备适用的灭火器具，微机工作人员熟知使用方法。

（三）严格控制进出人员，不准任何人将陌生人带入微机房操作微机。

（四）门窗要定期检查，严禁登录黄色网站，未经管理人员同意不准私带软盘上机。

（五）严禁火种进入微机房，不准在机房内吸烟。

（六）学生使用微机，必须服从老师的指挥，按程序操作。注意爱护公物，防止人为损坏。

（七）现有的报警设施应经常检查，下班、节假日要及时接通报警设施电源，发现失灵，及时报修。

（八）发现微机使用电源损坏，要及时报修，以防造成更大的损失。

四、办公微机安全管理制度

（一）各办公室教学公用微机为本科室人员使用，未经管理人员许可，其他人员不得擅自动用。

（二）任何人不准在教学、办公用微机上玩游戏、聊天和登录黄色网站。

（三）禁止在计算机网络上发表违法或有害国家的议论。

（四）做好各微机室防范工作，门窗要有防盗设施并及时关锁。

（五）微机室不准吸烟，更不得使用明火。操作人员离开微机室注意及时切断电源。

五、危险品安全管理制度

（一）严格采购审批制度，未经单位主管批准，任何部门、个人不得擅自购买剧毒、易燃、易爆物品。

（二）严格进出库登记制度，并有专人、专箱（橱）保存，实行两人同时加锁开、关的制度。

（三）领用危险品须经部门负责人批准，实验多余的应及时退还给保管人员入库。

（四）使用危险品时要按规范操作使用，学生必须在指导老师指导下进行实验实习。

（五）任何个人不准私自收藏、保存危险品，违者由此发生的事故则负全部经济、法律责任。

六、图书馆安全管理制度

（一）图书、资料严格编目、登记制度，借出收回账册齐全，不定期检查防盗、防湿、防霉、防鼠害、防虫害、防火等设施是否完好。

（二）图书、资料分等级存放，特别贵重书刊的借阅实行校长特批制度，贵重书刊要有专人、专橱收藏，保管人应定期核查。

（三）门窗要有防盗设施，离开工作岗位，应随手关好门窗，防止书刊被窃。

（四）严禁将火种带入图书、资料室，内部消防器材应摆放明显位置，便于救急使用，平时注意检查，保持性能良好。

（五）节日、寒暑假期间应切断内部电源，实行封闭式管理。

（六）对现有报警器材定期检查，发现报警失灵应及时报修。

（七）电子阅览室是电子设备重地，为维护网络安全，上机者不准私自装卸、删除随机软件。不准自带设备入内连机操作，严禁烟火，不准吸烟，不得存放易燃、易爆及放射性物品；严禁在可燃物上使用电热器具，电器易发热部位必须做好隔热处理。室内电器设备及线路安装必须符合安全要求。工作人员应都会使用消防器材。下班前认真清查、关闭各终端机，关好门窗，确认安全后方可离开。

七、多媒体教室安全管理制度

（一）多媒体教室列入学校安全要害部位，必须安装防盗门窗和报警装置，报警装置须与当地派出所或学校值班室联网。

（二）专人管理，计划安排使用，未经领导批准，闲人不得入内。

（三）使用微机应实行登记制度，购入硬、软件严格审批制度，专人负责审查、登记、保存，账册齐全；不得将黄色、有害、国家查禁等不健康的信息输入教学多媒体内。

（四）多媒体教室微机价值贵重，使用人员必须严格按操作规程操作，学生应服从老师或辅导人员的指挥。

（五）人离教室要随手关窗锁门，并注意切断电源，做好安全防范工作。

（六）禁止火种带入室内，做好消防安全工作。

八、文印、打字室安全管理制度

（一）注意文件保密，打印的文件、试卷不得让无关人员随便翻阅，防止泄密。

（二）非本室工作人员不准逗留室内。

（三）禁止将任何火种带入室内，严禁吸烟。

（四）打字、文印人员必须保守秘密，不得将未公开的文件、试卷内容传播给他人。

九、网络中心安全管理制度

（一）学校网络管理中心必须认真执行《中华人民共和国信息系统安全保护条例》。

（二）任何部门或个人，不得利用联网计算机从事危害学校网及本地局域网服务器、工作站的活动，不得危害或侵入未授权的服务器、工作站。

（三）机房设施应符合国家有关规定，认真做好电源防护、防盗、防火、防水、防尘、防震、防静电等工作，必须安装防盗门窗和报警装置，报警装置须与当地派出所或学校值班室联网，防范措施应有效得力。

的生活用品和现金，防止途中丢失、被窃。

（二）进校后所带箱包，要随手携带，加强看管，不要到处乱放，防止遗失、错拿。

（三）进入宿舍，箱包要加锁存放，有壁橱的房间，个人壁橱应同时加锁。

（四）带来的现金、支票，应当日交清各项费用，余款当即存入银行，学生个人身上存放现金不得超过50元。

（五）个人洗晒鞋、衣、被等生活用品，要自我加强看管，注意及时收回宿舍，不得放在外边过夜。

（六）学生不提倡佩戴首饰、手机、寻呼机，已带来的最好让家长带回去，不要放在身边，防止丢失。

（七）新生进校不要从地摊或在学校内向陌生人购买生活用品、学习用品等，防止受骗上当。

（八）新生不要随便交朋友，特别是与校外人员要谨慎相处，防止被骗被诈，外出活动不准进入任何公共娱乐场所。

（九）注意妥善保存购买的饭菜专用卡，一旦丢失应及时到食堂微机房挂失，防止卡上钱被他人偷用。

（十）在校内外都必须遵守交通法规，注意交通安全，不要违章横穿公路，预防发生交通事故。

二、学生日常安全制度

（一）进出校门要自觉下车，进入校门后要按规定停放自行车。

（二）进出教室，不急行、不拥挤。

（三）严禁在教室内追逐打闹和奔跑，以免滑倒和摔伤。

（四）严禁攀爬学校任何一处的围墙、门窗、围栏、树木、球架，不准上房。

（五）不准携带易燃、易爆、有毒物品及凶器进校。

（六）若照明灯和电风扇等电器发生故障，不得私自动手排除，应报告教师或总务处，由学校电工进行故障排除，不得打开配电箱，触摸电器开关。消防器材未经许可，不得随意搬动。

（七）大扫除时注意安全，对高处的玻璃窗，不要勉强擦拭。

（八）不准私自外出游泳。

（九）住宿生不准私自到校外公共场所进行文娱、体育和任何形式的玩乐活动。任何私人聚会，必须征得家长同意。

（十）做文明学生，不要有任何故意伤害他人、窃取他人财物的行为，不允许在任何场所参与打架斗殴。

（十一）察觉到有不安全因素应及时报告师长。遇事冷静，以保全自身安全为重，不冲动蛮干。

（十二）上实验课要严格遵守实验室的有关安全要求完成实验。

（十三）课外活动和体育锻炼，要按有关安全规则进行。

（十四）在往返家校的路上，要注意交通安全，行路要严格遵守交通规则。

（十五）参加学校组织的校外集体活动，要严格遵守活动纪律，不得擅自离队进行个别行动。

（十六）住宿生必须严格遵守住宿生《安全管理规定》。

三、学生人身安全管理制度

（一）学生人身安全受法律保护，任何人不得侵害学生人身安全。

（二）学生在校园，任何人不准体罚或变相体罚，严禁老师、员工打骂学生。

（三）学生之间应团结友爱，严防发生打架斗殴事件，伤害他人要负一切经济、法律责任。

（四）校任何部门不准组织学生开展有害学生身体健康的活动。如擅自组织造成后果的由组织者负全部责任。需要组织校外活动，必须按要求、按程序逐级申报取得批准，方可进行。

（五）学校任何人无权对学生进行人身搜查、限制人身自由、扣压身份证或正常书信，更不准私拆他人信件、包裹。

（六）不准歧视个别生理有缺陷和“后进”的学生，所有学生在政治上一律平等。

（七）学校应适当组织学生参加力所能及的劳动，对于有危险的劳动项目不得安排学生参加。

四、学生个人物资安全管理制度

（一）充分发挥学生的自管能力，学生个人物资由学生本人负责保存，应该认真做好安全防范工作。

（二）学生身边不准超规定存放现金，多余的钱一定要加密码存入银行，存折要妥善保管。

（三）学生用的衣、鞋、被等重要生活用品，晾晒时，个人注意看管，干后及时收回宿舍，严禁放在室外过夜。

（四）学生不提倡佩戴金银首饰、手机、寻呼机等，违者造成损失自负。

（五）宿舍里有存放物资的橱、箱、包，一律加锁存放到个人位置上，任何人不准随便翻动他人物资。

（六）使用密码箱的同学，个人密码应严加保密，不得轻易告诉他人。

五、学生宿舍安全管理制度

（一）学生宿舍是学生集体居住的场所，全体同学必须自觉做好集体安全工作，发现不安全的情况应及时报告，积极主动采取防范措施，杜绝一切案件和事故的发生。

（二）在宿舍区内发现可疑的人和事，学生都有义务报告公寓管理人员或学校有关部门，并要机智地控制可疑人员。

（三）男、女生不准串访宿舍，任何学生不准将外人留住在本宿舍内。

（四）学生除父母外，一律不准在宿舍内接待外来客人。

（五）上课时间学生宿舍实行封闭式管理，未办理请假手续的一律不准私自留在宿舍里。

（六）学生宿舍实行房间安全值日生制，值日生必须按时关锁门窗，保管好钥匙，不得乱借乱丢，负责安全检查。

（七）学生宿舍严禁使用明火，禁止烧电炉、热得快，点燃蜡烛、蚊香，严禁吸烟，严禁私拉乱接电源。及时收好晾晒衣物，夜间不得将衣物晾挂室外。

（八）宿舍区内的消防设施、器材，任何人不准乱动，无故损坏，严加处理。

六、学生课外、假日活动安全管理制度

（一）学生课外、假日活动实行“谁组织谁负责”的安全工作原则。

（二）学生的活动一般提倡在校内进行，组织者应落实好安全管理责任制，并采取有效的安全防范措施。

（三）如组织学生外出活动，途中要注意车辆交通安全，严禁超载带人带物。

（四）不提倡学生到公共娱乐场所开展活动，禁止组织学生参加有危险的活动，如集体到野外、河塘游泳等活动。

（五）组织集体外出游玩、野炊等活动，不要搞有危害性的攀登、爬山等活动，在野炊中要注意饮食卫生、用火安全，防止发生食物中毒或火灾事故。

七、学生公寓门卫安全管理制度

（一）宿舍门卫人员必须严格执行学生会客登记制度。宿舍区实行封闭式管理，未经批准，非本校学生和其他人员一律不准入内。

（二）白天学生上课期间，生活教师应对宿舍区进行定期巡查，发现可疑的人和事要及时报告公寓管理人员，也可直接报告保卫部门或总务处。

（三）上课、上晚自修期间各房门应加锁关闭，对学生晒晾的

衣服掉落地面，要及时拾回，并组织学生认领。

（四）学生进入宿舍区，要严加看护，防止陌生人趁机混入；学生带物出门，要注意观察，发现可疑之物要严加盘问。

（五）严格交接班制度，上班时间不得离开岗位，严禁请学生代班。

第四节　学校后勤方面安全管理制度

一、物资保管安全管理制度

（一）学校购买物品严格领导审批手续，固定资产及时进入物资账，保管人员的账册必须和会计室的账吻合。

（二）保管人员按学校规定健全物资保管账册，进出库手续齐全、账物相符、不出差错。

（三）贵重物资，易燃、易爆、剧毒物品，要更加严格管理，不得随便散失，严格领用审批制。

（四）各组、室的物资均有专人负责保管，门、箱、橱上的钥匙由专人保存，领用、借用手续齐全，防盗、防护设施配齐，不使物资受损失。

（五）保管人员要随手关好门窗，发现不安全因素，必须及时采取整改措施。

二、配电、水房安全管理制度

（一）配电、水房是学校师生教学、生活用电、用水的控制中心，工作人员必须具有高度的责任心，认真管理好电、水二房。

（二）严格实行值班、定期检查制度，常年保证机械运行性能良好，确保学校供水、供电正常，预防停电、停水事故的发生。

（三）非工作人员不准带入该两房内，不准他人随便摆弄供电、供水设备，注意保养、爱护公物。

（四）房内保持整洁有序，门窗防护设施完好，专人负责关锁门窗。

（五）配电房按规定配有消防器材，工作人员定期检查性能，学会使用，妥善保管。

三、食堂安全管理制度

（一）学校食堂要依照《食品卫生法》要求到市卫生防疫站申领《食品卫生许可证》，并每年年审一次。

（二）食堂要制订卫生、管理制度汇编，有相应的防蝇、防鼠、防尘、消毒、更衣、盥洗、污水排放、存放垃圾和废弃物的设施。保证学生的膳食安全和食品安全。

（三）食堂从业人员应每年一次到当地卫生防疫部门进行健康体检，领取合格的《健康证》后方可上岗工作，发现患传染病人员应立即换岗。平时应保持个人卫生，穿戴清洁的工作衣帽，销售直接入口食品时，必须使用售货工具。

（四）食堂工作间要与餐厅隔开，非工作人员不得入内，以防万一。

（五）严格进货渠道，建立进货登记制度，并设置档案。采购人员不得采购来路不明的食品，制售各类食品要保证卫生质量。

（六）食堂供应学生的膳食应注重营养搭配，保持新鲜，严禁向学生供应有毒、有害、腐烂、变质、过期食品；新鲜的瓜果蔬菜要认真清洗；严防食物中毒或农药中毒。如发生食物中毒，承包经营者负一切经济、法律责任。

（七）保持食堂内外的环境卫生，要经常对餐具用具进行清洗消毒，生熟案板刀具要分开存放。

（八）存放食品的仓库应当干燥、通风，采取消除苍蝇、老鼠、蟑螂和其他有害昆虫及其孳生条件的措施，贮存食品的容器必须安全、无害，防止食品污染。

（九）食堂人员要协助学校做好食堂流动人口暂住证的办理工作。认真做好防盗、防火、防毒、用电用气安全，不准私拉乱接电源；严禁将煤气罐倒置，进行外加热使用；油锅开时，人员不得随便离开，防止发生事故。电器、制冷设备应由专人管理。

（十）食堂必须使用合格的压力容器、锅炉，每年要检测，要定时检查，锅炉工要持证上岗，严格按操作规程操作，液化气罐与灶头应有1.5米的安全距离，严防事故发生。

（十一）认真接受卫生、防疫、质监、市局工作人员对食堂的检查，凡有不合要求之处立即整改，并实行责任追究制。

四、小卖部安全管理制度

（一）小卖部必须持工商营业执照、《食品卫生许可证》和从业人员健康证，从业人员应每年到当地卫生防疫部门进行一次健康体检，发现患传染病人员应立即换岗。

（二）经营的食品必须索证。

（三）食品陈列与销售符合卫生要求，离墙、离地面。

（四）不得经营过期变质及三无食品（无厂名厂址、无生产日期、无保质期限的食品）。

（五）存放食品的仓库应当干燥、通风，采取消除苍蝇、老鼠、蟑螂和其他有害昆虫及其孳生条件的措施，贮存食品的容器必须安全、无害，防止食品污染。

（六）定型包装食品不得拆散销售。

（七）认真做好防盗、防火、防毒、用电安全，不准私拉乱接电源。禁止将小卖部、烧饭处、住宿混用。

五、电工安全管理制度

（一）电工必须负责合理、规范布设校园电源供应系统，任何部门调整、改用电源必须征得管电人员的同意。

（二）电工必须持有上岗证，无证者不得从事接电工作。拉接电源、安装电器设备，必须严格执行操作规程。

（三）电工对学校的电器设备，必须经常检查，发现损坏、老化应及时修理，自身不能解决的要及时书面报告学校领导，请求尽快解决，严防发生触电事故。

（四）电工对师生发现的报修电器，应及时前往修理，如不能修复，该暂停供电的则暂停供电，不得拖延耽误，预防发生意外事故。

（五）学校放假期间，电工对全校电路状况应进行一次全面性的检查，不需用电的部位统一切断电源，确保假期安全。

六、医务人员安全管理制度

（一）医务人员要有高度的责任心、事业心，对每一个病人的身体健康负责，不得发生错诊、误诊事故。

（二）病员如实向医务人员反映病情，医务人员应对症下药，对一些急病员、病情难断定的应及时转院治疗，不得延误治疗时间。

（三）医务室进药渠道要规范，不得将过期、变质的药物用于师生，防止发生药物事故。

（四）医务人员对全校师生进行卫生、防疫健康知识教育，做好常见传染疾病的预防工作，防止发生全校性传染病事故，影响师生的工作和学习。

（五）医务人员督促有关部门搞好环境卫生、食堂卫生，严防集体中毒事故的发生。

七、校园自行车安全管理制度

（一）学生骑自行车到校，要到德育处办理“单车证”。

（二）进入校园内的自行车，实行分散定位停放管理。自行车持有者必须按学校规定，分别停放到指定的车棚、场地去，严禁乱停乱放。

（三）车辆进棚必须自行加锁，整齐停放。车篓内不要存放任何个人用品。

（四）在校园内一般提倡推车行走，骑车者应放慢速度，防止撞人。

（五）不准任何人偷骑他人车辆，未经本人同意开他人车锁的视为偷窃行为。

（六）发现自行车被盗，失主应及时报告校保卫处（总务处）协同查处。

八、校园机动车安全管理制度

（一）机动车进入校园一律不准鸣号，并减速慢行，载重车辆一律不准进入校园小路、草地，防止损坏环境、绿化。

（二）机动车进校园应服从校门卫人员的指挥，按指定位置停放，严禁乱停乱放。

（三）机动车的车门，驾驶员应及时将其关锁好，钱包、贵重物品不要放在车内。除重大活动外，平时车辆均由车辆持有者自行看管。

（四）校园内人员较多，行车时驾驶员应特别注意安全，防止撞人、撞物。

参考文献

[1] 叶龙，李森. 安全行为学. 北京：清华大学出版社，北京交通大学出版社，2005.

[2] 杨安定，吴志宏. 中小学伤亡事故案例. 上海：上海教育出版社，1998.

[3] 金龙哲，宋存义. 安全科学原理. 北京：化学工业出版社，2004.

[4] 郝淑华，等. 校园伤害事故的预防与处理. 上海：华东师范大学出版社，2005.

[5] 陈森尧. 安全管理学原理. 北京：航空工业出版社，1996.

[6] 教育部基础教育司. 中小学生伤亡事故、事件典型案例选析. 北京：和平出版社，1999.

[7] 教育部人事司，教育部基础教育司. 校园安全. 北京：北京师范大学出版社，2008.

[8] 左东红，贡凯青. 安全系统工程. 北京：化学工业出版社、安全科学与工程出版中心，2004.

[9] 劳凯声，孙云晓. 新焦点当代中国少年儿童人身伤害研究报告. 北京：北京师范大学出版社，2002.

[10] 毛海峰. 安全管理心理学. 北京：化学工业出版社，安全科学与工程出版中心，2004.

[11] 张玉堂. 学生伤害事故学. 成都：四川人民出版社，2001.

[12] 陈宝智. 系统安全评价与预测. 北京：冶金工业出版社，2005.

[13] 张玉堂. 学校安全预警与救助机制理论和实践. 成都：四川人民出版社，2009.

[14] [美]彼德 · D.布劳维特. 学校安全工作指南. 周海涛，李永贤，译. 重庆：重庆大学出版社，2006.

[15] [美]丹尼尔 · L.杜克. 创建安全的学校：学校安全工作指南. 唐颖，杨志华，译. 北京：中国轻工业出版社，2006.